サラリーマンが副業で最短で年収を超える不動産投資法

手持ち200万円から6年間で現金1億を達成!

孫子大家 sonshiohya

ぱる出版

深夜2時
運命の電話…
漫画：まりお
ブルブル
不動産屋
ブルブル
地獄の扉を開く電話が
私のケータイに届いた
とり
ジャ
お焼
本酒
孫子大家さん、ちょうど今一緒に
飲んでる相手からいい情報が入りましてね！
都内の好立地物件でフルローンOK。
まだ表に出てない物件です。
今から見に行きませんか？
えええ？
こんな時間に？
私は眠い目をこすり
しぶしぶタクシーで
現地に行きました
世田谷の急行が止まる
駅から徒歩13分の立地
世田谷の急行が止まる駅
徒歩13分
1Fと地下階は
ずっと
埋まっている
安定なバイク
ガレージ！
ファミリー物件で
入居率は常に安定！
契約済
しかも
物件そばの法人で
2部屋契約済み！
す、すごい！
そんないい
物件なんですか！
テクテク…
そうなんです！さらに
現時点で家賃は近隣の相場より
少し安く、リフォームで
少し手をかければ
もっと家賃は上げることが
できます！

物件スペック

賃料収入　1162.5万円
価格　　　15500万円
世田谷の急行の止まる駅　徒歩13分
利回り　　7.5%

RC
築20年、
残存年数27年
ファミリー
満室+店舗（地下+1F）

※当時信じ込まされた嘘のスペック（涙）

こ、これ買います。お願いします！
流石です！その決断ができると思ったから、孫子大家さんに声をかけました！
いい物件に出会えて幸せです
これは著名大家さんの本に書いてあった「成功エピソード」から学んだことです。
～成功エピソード～
・川上の表に出ていない物件で勝負する
・いい物件は速攻で決める
・売主が一般の人で、手入れをされていない物件は、やりようによっては価値を上げられる
完全に成功エピソードに合致している！

これはいける！

シュッ
当時の私は、その成功した大家さんが、「スピードを重視はするが、細かいチェックをきちんと行う！」と書いてあった部分は、自分に都合がいいように無視して進んでしまったのです……。

この物件が買えるなら多少はキャッシュフローが悪くてもいいだろ…

ハハ…

この頃、私は現金を200万円しか持っていませんでした

ちなみに
仲介手数料も大幅に
安くしておきますね！
あと支払いは半年後で
いいですよ。大家さんの大変さは
私もよくわかってますので
優しすぎます！
あなたに出会えて
よかった！
そして3週間後…
いや〜
今回の物件融資は
大変でしたよ〜
銀行員
まぁまぁ
ちょっと
その話は
置いといて
え…融資が…
大変…？
ちょっとここで
待っててもらえますか？
あ、はい…
しばらくして何やら話が終わり
帰ってきました
孫子大家さん
ちょっと事前と違う情報が
わかったんです
ど、どういう
ことですか？

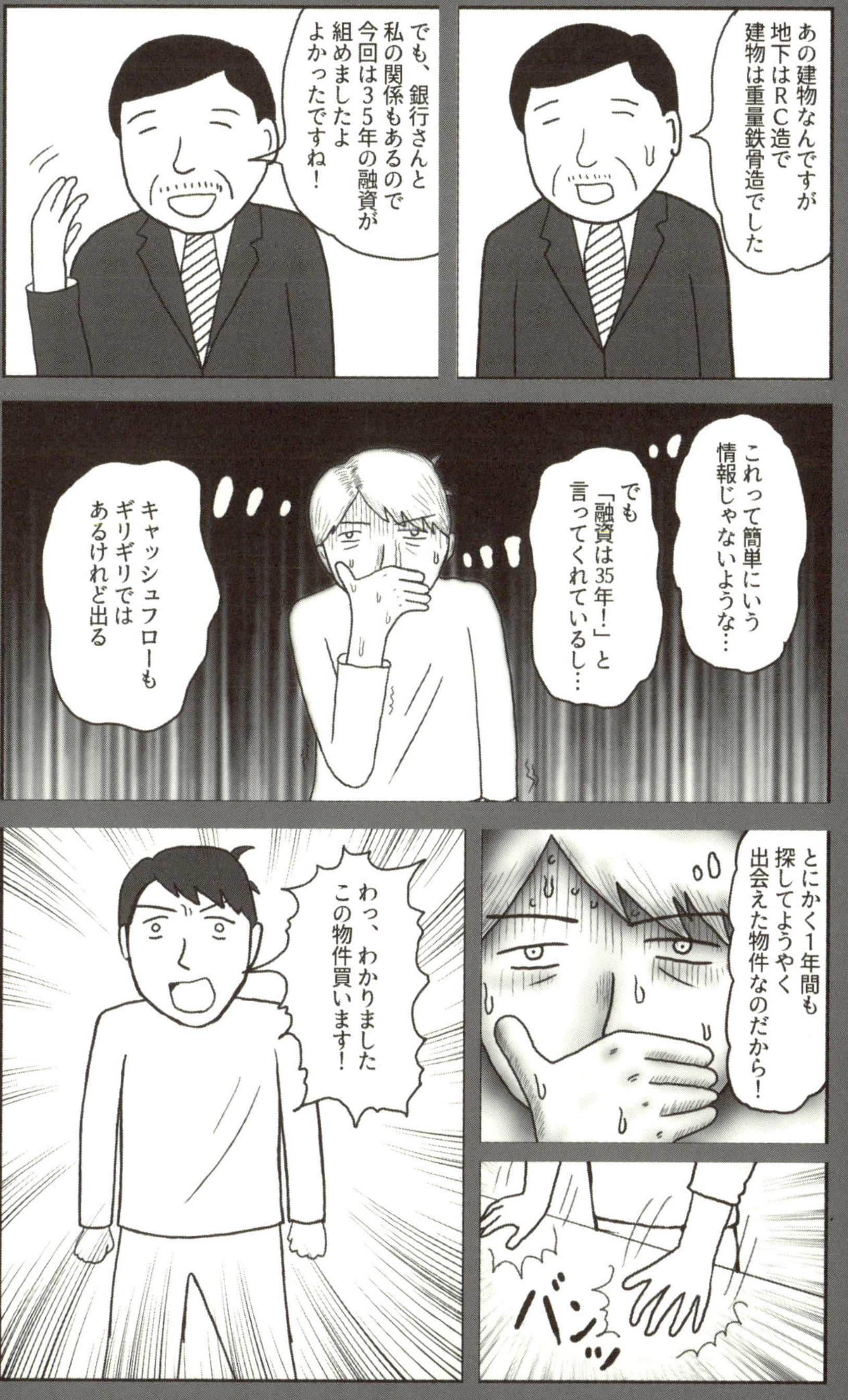

あの建物なんですが地下はRC造で建物は重量鉄骨造でした
でも、銀行さんと私の関係もあるので今回は35年の融資が組めましたよよかったですね！

これって簡単にいう情報じゃないような…

でも「融資は35年！」と言ってくれているし…

キャッシュフローもギリギリではあるけれど出る
とにかく1年間も探してようやく出会えた物件なのだから！

わっ、わかりましたこの物件買います！

バンッ

一瞬でしてしまったこの決断。
この物件の出口に大きく影響するのは明白ですが、RCと重量鉄骨がどう出口に影響するかわかったのは後のこと…
こりゃ売る時に苦労しそうだ…
しかもこの物件深夜2：00に連れていかれたのには罠があったんです
ゴ〜
クリーニング
実は隣の工場は、クリークング工場で爆音ではないものの、ずっと　ゴ〜　という、音が鳴ってるんです
徒歩は13分ではなく徒歩17分
ハァハァ
ウソばっか…
完全にはめられました。要するに、賃料は相場より安いわけではなく、相場よりも高く買ってしまったということです。しかも、あの有名な高金利銀行です
それから、私は約二年間凹んでいましたその後、趣味の兵法書を読んでいた時にふと「これだけ好きな兵法を不動産投資に応用できないか？」と思いつきました
これは！
孫子の兵法
そこで明確な戦略をもって不動産投資に取り組んだ結果、わずか4年後には、貯金が現金で1億円に到達することになったのです。

はじめに

この数年、融資を受けやすい状況が続き、多くのサラリーマン大家さんが誕生しました。その後、新築シェアハウス会社の破綻、銀行の不正融資、また大手アパートメーカーの施工不良など問題が噴出、不動産投資に対する風当たりは強くなる一方。

今や融資の扉は閉ざされ、「サラリーマン大家時代の終焉だ」と言われています。

しかし、私からすれば、ようやくまともな不動産市況に戻ったように思えます。

これからは、しっかり戦略を持った投資家の時代です。

そうは言っても、年収が高くない、ノウハウがない、現金を多く持っていない……そんな悩みを持つ方も多いでしょう。しかし、やり方を学べば、大きな融資を受けなくても家賃収入を増やせますし、属性が悪くてもキチンと戦略を立てて進めることで、徐々に融資を活かしてレバレッジをかけられるようになります。

ここで著者である孫子大家の紹介をさせてください。

私はサラリーマンをしながら不動産投資を行っており、気づけば投資歴は6年になりました。手持ちの現金200万円でスタートしましたが、今はキャッシュで1億円以上に増えて、18棟83室（2棟建築中、戸建ては11戸。2018年8月時点）を所有しています。

本業は転職のコンサルタントで、これまで13年近くの間に合計で400名程度のご転職のお手伝いしてきました。

転職相談をされる大半の方は、将来的なお金の不安などが主な動機です。しかし、そこから踏み込んで、実際に勉強して資産運用に進む方は、不動産でも株でも10％もいませんでした。

つまり、この本を手に取ってくださっているあなたは、その他大勢の口だけで「お金が欲しい！」と言っている方と違い、多くの成功大家さんと同じように、勇気を出して自分の人生を変えようと一歩進んだ方なのです。

本書は、サラリーマンが仕事を続けながら、最短で年収を超えるための不動産投資の手法を具体的にお伝えしています。投資戦略はわかりやすく年収別にまとめました。

初心者から、中級、上級者、どなたに対しても学びがあるよう心掛けて執筆しましたが、とくにこれから不動産投資をスタートさせる方、もしくは1棟目に良くない物件を買ってしまい苦戦している方に、ぜひ読んでいただきたいと思いを込めています。

というのも、お恥ずかしい話ですが、孫子大家が初めに買った物件が、下手をすれば破産しそうなほど利益の出ない物件でした。そのため、購入後2年間は、1人で思い悩み、問題を先送りする日々を送っていました。

そんなある日、ふと「自分が尊敬する歴史上の軍師達、とくに孫子だったら、この逆境からでも勝利する」と考え、戦略を立てて動き出しました。

その結果、赤字ギリギリの失敗物件を購入したにもかかわらず、4000万円以上の利益を手にすることができたのです（詳細は第7章をご覧ください）。

こうして孫子大家は失敗から戦略を学び、それを実行したことで「サラリーマンの年収以上の利益」を得ています。


無知であることは悪です。知らないだけで多額の損が出ます。私の二の舞にならないよう不動産戦略、融資対策、物件再生法、売却術を理解しましょう。

そこまで難しくはありません。本書で誰でも使える「ブレない戦略」で勝ち続ける方法を学んでください。そして自分に合った目標そして戦略を設定して、負けない勝負に挑んでください！

サラリーマンが副業で最短で年収を超える不動産投資法

もくじ

第1章 不動産投資は難しくない！ シンプルな考え方

第2章

あなたの戦略はこれ！ 年収別ノウハウ

第3章

【実践】不動産はこうやって買う！

第4章 らくらく！ 手間をかけない管理運営術

第5章 売って儲かる出口戦略

第6章 その先を目指す、戦略的不動産投資

第7章

【外伝】孫子大家の大逆転

巻頭ページの漫画▼まりお
カバーデザイン▼EBranch 冨澤 崇
図版作成▼原 一孝
本文イラスト▼木村望美
本文デザイン▼Bird's Eye

第1章

不動産投資は難しくない！ シンプルな考え方

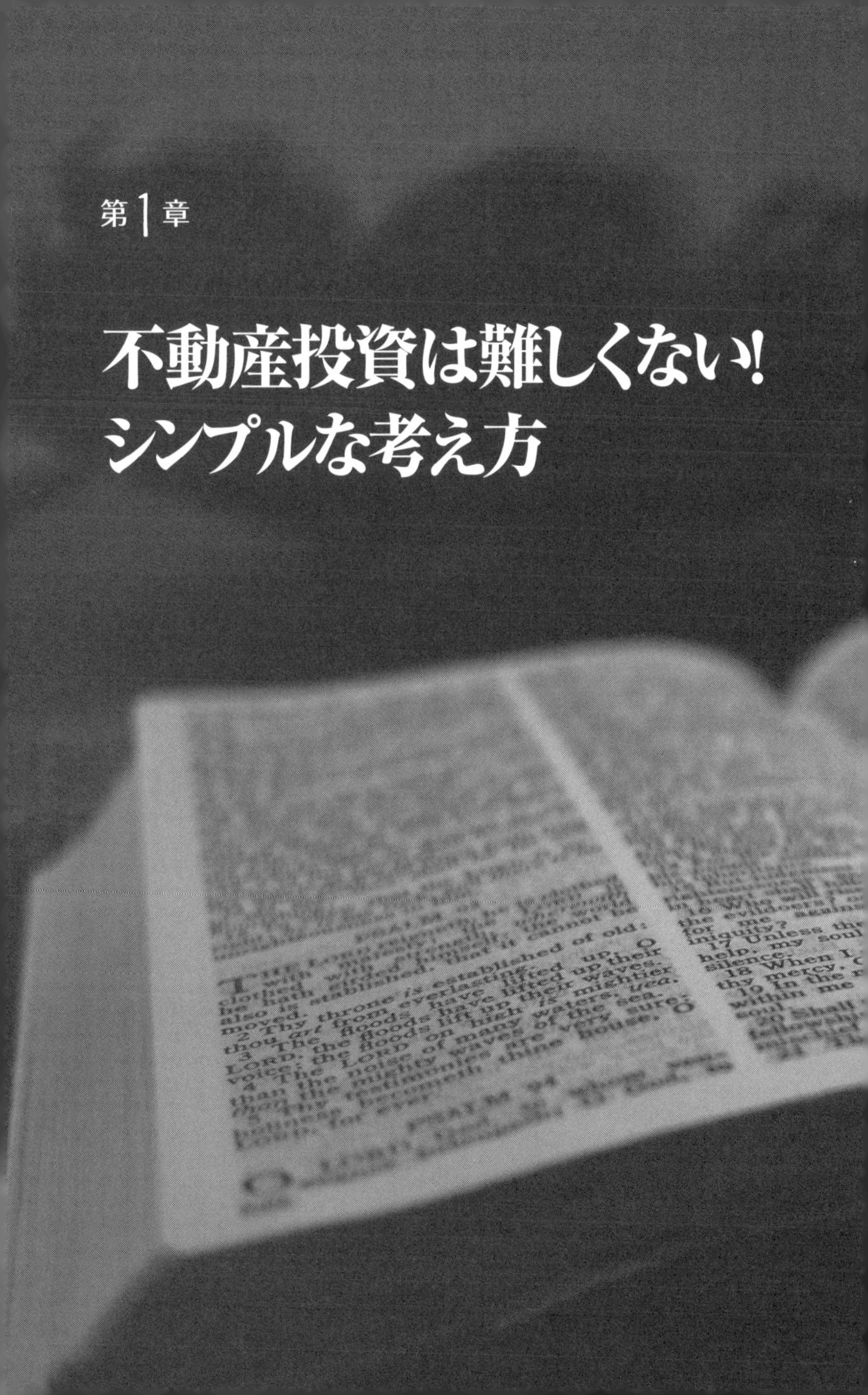

01

不動産投資はシンプルに考える

第1章は不動産投資をこれから始める人に向けて考え方の解説です。

不動産投資の本を読んでいて、ある著者は地方木造、ある著者は地方RC造、ある著者は新築アパート、ある著者は築古戸建てを勧めており、何が正しいのか迷いますよね?

もちろん、どの方法でも利益を出していくことは可能ではありますが、当然、自分の強みを生かせる方法で戦ったほうが、簡単に利益を出せます。

本章では自分の立ち位置を知って、どの投資スタイルに進めばいいのかについて解説いたします。また、既に物件を購入しているものの融資が厳しくなり、追加で買えなくて困っている人や、1棟~2棟目は買えたけれど、その先につながらず苦しんでいる人たちに向けて、まず行動を起こす前に「戦略を決めることが大事!」という考えをこの章でお伝えします。

さて、不動産投資には具体的には左記のような様々なスタイルがあります。

◉不動産投資の手法

・都心　vs　地方
・戸建て　vs　集合住宅
・中古　vs　新築
・積算　vs　収益還元法
・通常賃貸　vs　シェアハウス　vs　簡易宿泊所
・レジデンス（住居）vs　店舗　などなど。

果たして、これだけの投資手法を勉強できるのでしょうか？　不動産で成功している人は、これらを本当にすべて高いレベルで理解しているのでしょうか？

答えはＮＯです。

不動産賃貸業は多面的な見方があるので、すべての分野に精通して、完璧な投資をしている人はいないと断言できます。たとえベテランの大家さんでも、自分が仕入れた物件を「○○円で売って大儲けした！」と浮かれていたら、その物件が数カ月後には「さらに高く売られていた……」なんてケースがいくらでもあります。

また、買ったときは「儲かった」と思っていたのに、実は「○○の投資はすべきではなかった」と、後から気がつく例もあります。このような失敗は、かなりハイレベルな大家さんでさえ起こしてしまう可能性があります。

それでは、今から投資に取り組もうとする新米大家さんや、まだ経験の浅い大家さんが失敗せずに成功できるのでしょうか？

「そんなことは簡単です！」と言いたいところですが、実は不可能です（笑）。

一度も失敗をせず完璧に成功している大家さんなんてほとんど皆無ですし、もしも本人がそう思っているのなら、その方は不動産投資をしていても全く進歩をしていないということです。

「ひどい！　孫子大家さんは私に失敗しろというのですか？」

そんな声が聞こえてきそうですね。

そうです、失敗してください！　不動産投資は大きな失敗でなければ、いくら失敗したところで、リカバーして利益を上げることができます。これが不動産投資のいいところなのです。

ただ、昨年から非常に世間を賑わせている新築シェアハウス投資の「カボチャの馬車」のような物件を買ってしまうと、リカバーするにも非常に遠回りをしてしまいます。

これを避けるためには最初の物件を小さめにするか、もしくは信頼できる先輩大家さんや、親身になって教えてくれる不動産コンサルタント（その人の買っている物件が自分の欲しい物件と同じか、それ以上の人）にアドバイスを求めてください。

02

自分の得意分野で勝負しよう

要約すれば不動産投資は極めて難しく、融資状況も刻一刻と変わるので、全貌を理解するのはほぼ不可能なのです。

ただし、これはテストではないので、なにも100点を取る必要はありません。

自分が「やりたい！」と思える手法で、一足お先に成功している先輩大家さんを見つけて、その先輩のやり方を教えてもらうことにより、成功する確率も大きく上がることでしょう。

ちなみに孫子大家は少し後に記述してあるように、自分の習熟度に合わせて投資スタイルを変化させています。現在では都心の一等地の物件を増やしつつも、積算が負債を上回る案件や、資産性には難があるものの超高利回り案件を混ぜることで、債務償還年数も非常に短く事業を運営しています。

初心者のために、債務償還年数を簡単に説明すると、現在のキャッシュフローで借入金を完済するまでにどのくらいの年数がかかるか？　という指標です。

計算は次のように求めます。

有利子負債÷（経常利益＋減価償却費）

厳密には分子は（有利子負債－正常運転資金）となりますが、不動産投資の場合は正常運転資金はほぼ発生しないので省いています。

◉孫子大家の投資の変化

・２００９年～２０１４年　ＲＣ造１棟物（スタート時は大きな失敗をしています）

・２０１４年～２０１６年　ＲＣ造／木造アパマンのボロ再生事業。高騰相場でも

駅近物件で　　　　　　　利回りは12％以上を確保
・2016年～現在
①RC造／木造アパマンのボロボロ再生事業　売却益で20％以上（ローン）
②RC造／木造アマパンの新築事業　利回り13％など（ローン）
③木造戸建て再生、及び土地仕入れ事業　利回り40％など（現金）
④廃墟テナントの再生　利回り48％など（現金）

事業を通じて良好にしてきた属性を使って①や②を行うわけですが、①②を行うことで、貯まったキャッシュフローを使って③や④を購入し、それを共同担保に入れることにより、新たな①や②へのフルローンの融資を勝ち取ります。

また、運営して時間が経つと②～④の残債が減ります。

それにより与信枠が発生し、担保として力を持ちます。この担保力を活用するもしくは、金融機関から見て、より融資をしたくなるような、財務諸表を作っていくこと作成を長期目標としています。


もちろん、あなたの年齢や居住地、属性によってはできない投資スタンスもあります。どの投資スタイル選択するべきかですが、正解はその人の考え方や強みによって異なりますので、いろんな種類の不動産投資本を読んだり、いろんな手法に特化して実際にいる成功している先輩大家さんの話を聞いて決めてください。

手法を組み合わせて成功しているタイプの大家さんはあまりいないので、違う複数名からやり方を教えてもらうことをお勧めします。

もちろん特化したやり方で、投資を行っていく上で様々な考え方、知識が必要になってくるのですが、人間いきなり、何でもできるわけではありません。手法も自分にとって勝ちやすい物を選ぶことが成功への近道です。

私自身について触れると、次のような強みと弱みがありました。

【弱み】細かいことが苦手、ＤＩＹなど手先はあまり器用ではない、真面目に同じことをし続けると飽きる、勉強が苦手、サラリーマンとして多忙、美的センスがない。

【強み】広い視野で俯瞰することができる、戦略立案が得意、人に教えることが好き、人と協力関係を作るのが得意。

▼リフォーム前

▼リフォーム後

そこで私は自分自身の強みである、広い視野と戦略立案を行って、投資全体のプランニングをした上で、いろんな人に投資戦略を教える代わりに、DIYを教えてもらったり、デザインを手伝ってもらったり、大工さんや税理士さんと仲良くなることで、弱みは助けてもらい、強みだけで勝負できる体制を整えました。

その他の例としては、私がコンサルでお手伝いした方を中心に、実験的に関西のあるエリアで4名のライングループを作ってみたのですが、数字や戦略に強いAさん、電気関係の知識を持つBさん、驚異の粘り強さでどんどん地域の小さな不動産屋さんとのつながりを広げていくCさん、何日も泊まり込みでDIYをしたりと根性のあるDさん、個性の違うメンバーを組み合わせたそのグループはお互いに補い合って、とてもうまく機能しています。

自分の好きなこと、得意なことに集中できる環境を作るため、規模の大きな大家さんなら従業員を雇う選択肢もありますが、今からスタートされる方は投資家メンバーを作ったり、大工さんたちと協力関係を築くなど孤独に陥らない環境づくりに努め、なるべく好きなことに集中できるようにしていくと、より楽に勝ちやすい不動産投資ができるはずです。

03

始める前に知っておくべきこと（不動産投資のルール）

ここで簡単に不動産投資の長所をおさらいしておきます。

すでに多くの不動産投資の書籍で謳われていますが、大切なことなので理解しておいてください。

◉ライバルが他の産業に比べて極めて弱い

パソコンも触れないようなおじいちゃん、おばあちゃんや、相続で不動産を引き継いだけれど全く興味がない人。あるいは不動産の本を3冊くらい読んだだけで成功できると確信している人たち……。どうです？　このような弱いライバルが主体となっている産業が他にありますか？

◉金銭的にも時間的にもレバレッジを使える

銀行から個人がお金を借りて事業ができます。また、管理会社などの協力を得て、時間をほとんどかけずに事業運営することができます。

◉時間を味方につけることで、損をしないレベルなら簡単に実現できる

多少良くない物件を買ったとしても入居者さえつけば、時間が経過することで残債が減り、マイナスがプラスに変わります。税金まで深く理解すれば、相続において先祖から受け継ぐ資産や、子供に受け継がせる資産に対する税金を、合法的に少なくすることが可能です。

どうです？　これだけ有利な状況がそろっている中で、世界的にも割安といわれる日本の不動産を行わない理由、少なくとも副業にしない理由が私には思いつきません。

04

彼を知り己を知れば百戦殆うからず

それでは孫子大家らしく、孫子の最も有名な一小節を使って不動産投資を説明しましょう。

孫子の兵法 謀攻篇

「相手の実情や実態を知って自己の状況や実態を知っていれば、百度戦っても危険な状態に陥ることにはならない。相手の実情を把握せずに自己の実情だけを知っているという状況であれば、勝率は五分五分である。相手のことも知らず、自己のことも知らないようでは、戦うたびに必ず危険に陥る」

孫子大家 意訳

「不動産投資の仕組みと、自分の立ち位置を知って、しっかりとした戦略を立てれば、１００回投資しても危なくならないが、どちらか一方の理解では50％危ない目に遭います。両方を知らなければ毎回危ない目に遭うでしょう」

なるほど、自分と不動産全体を知らなければ危ないことは分かりました。

では、不動産投資におけるパートナーは沢山いますが、最も大切で、深く理解しておかなければいけないパートナーとは誰でしょうか？

管理会社？　客付け会社？　コンサルタント？　先輩大家？　入居者？

いえいえ、まずは金融機関（銀行・信用金庫・ノンバンクなど）が一番重要なパートナーです。

「私は現金で買っているから、金融機関を使っていないし関係ないよ！」

なるほどなるほど、確かにそうですよね。あなただけの立場で見たらそうでしょう。しかしながら、ほとんどの人が銀行から融資を受けて不動産を購入します。つまり、あなたが今持っている物件で融資を引いていなかったとしても、次に買う人は融資を引くわけです。

ですから銀行がその物件に対して、どのような評価をするのかを十分に理解しているのといないのとでは、その物件にいくら投資をしてリフォームを行い、価値を上げていくのか？　などの判断基準も異なります。

当然ながら、金融機関はあなたが不動産投資を進めていく中でも大きな意味を持ちます。あなたがいわゆる高属性と呼ばれる、給料の高い上場企業のサラリーマンで、まだ年齢も若く長期就業が望める場合であれば、金融機関はあなたにお金を貸したくて堪《たま》らないわけです。

この前提に立ったとき、必ず高属性の人は不動産における有利な立場といえるでしょうか？

実は、そうとも言い切れないのが不動産投資の面白いところなのです。

高属性であるがために、あまり良くない物件（ベテラン大家が1秒も検討しない物件）も買えてしまいます。

逆に、属性があまり良くない方は良い物件を買わない限り返済が滞ります。そのとき銀行が不動産投資におけるセーフティネットの役割を果たしてくれるともいえるのです。

05

銀行はどんな属性を評価するか？

もちろん年収が高く、勤続年数の長い方は評価されます。他にも、どのような点が評価されるのでしょうか？

それは、その人が信頼に足る人物であるかどうかです。

信頼は、継続性や安定性からも作ることができます。例えば毎月5万円ずつ、5年間積立てることで貯めた300万円と、高額所得者がボーナスでパッと入金した300万円とでは、銀行から見て信頼できるお金はどちらでしょうか？

また普通に考えて、年収1000万円ある人の預金が300万円であるのと、年収400万円の人で貯金300万円を持っているのとでは、果たしてどちらが信頼できるでしょうか？

もちろん金融機関の担当者の考え方や、買う物件の規模にもよりますから結果は異なりますし、銀行によっては、そもそも年収が800万円以上ないと、審査の土台にも乗せてくれないところもあるため一概には言えません。

しかし銀行の立場からすれば、信頼できる人柄の人が頑張って貯めたお金ほど、より安心できる資産として見ていただくことが可能です。

逆に、ある程度の規模まで大きくなった大家さんでも、新築物件を2棟同時に建てる行為に対しては、かなり否定的な目線で見られてしまいます。

しかし、このときに現金で買った高積算の土地でもあれば、既に1棟を進めていても、地主という枠で銀行から融資の許可を取りやすいのです。

関東のあるエリアでは、実際に売価よりも積算が大きく出やすいエリアがあります。私がアドバイスをしたある方は、1棟を新築中に現金で土地を購入し、建物代を満額ローンで受けて、同時に2棟のアパートを新築しています。

金融機関のこうした考え方をよく理解することで、あえて現金で土地を買うなど戦術の変化が生まれるのです。

06

あなたの目標は何か？

これまで私は多くの投資家から求められ、不動産投資のアドバイスをしてきたのですが、その中でも大多数の人に言われたのが、

「そうですね～、３年で最低でもＣＦを１０００万円は欲しいですね」

「ここ1年で5億円は買いたいです」

という目標です。既にある程度の資産をお持ちであれば達成するのも可能ですが、現実は持金が５００万円だったりするのです。

もちろん5年、10年かけて、しっかりと事業を運営していけば、５００万円でスタートしても達成は不可能ではないでしょう。しかし、短期間では諸経費にも足りません。

また時間があったとしても、それはかなりの茨の道です。ここで考えていただきたいのは、その目標は本当にあなたにとって達成すべき目標なのかということです。

本当に5億円の物件を買うことが、あなたにとって必要なのでしょうか？

本当にＣＦ１０００万円が必要なのでしょうか？

大きな目標を持つのは悪いことではありませんし、目標が高いほどチャレンジのやりがいもあります。しかし、大きな目標が幸せかどうかは人によりけりです。皆が口をそろえて「CF1000万円！」と唱えるものだから、「それなら自分も！」と同調する方も多い印象を受けます。

そのような単純な話ではなく、各ご家庭の必要度に応じて適切な目標を掲げてください。

孫子大家はお金を使うことにはあまり興味はなく、むしろチャレンジすること自体が楽しくて好きなので、5年間の目標は投資総額20億円、家賃収入2億円、そしてビジネスと不動産での年間利益を1億円と置いています。

なお孫子大家の場合は超高利回り物件も買いますが、都心部の一等地に新築を建てたりもします。そのため、高利回りとは言えない資産性の高い物件の割合が大きくなり、総借入に対して家賃収入は10％程度としています。

孫子大家流では、仕入れを十分に安く行い、売却時には必ず利益を上げます。また、その売却で得られた現金にて、借入なしで超高利回りの融資の出にくい不動産を買うため、家賃収入に対して年間利益が多くなるのです。

07

目標達成するためのコツとは？

続いて目標達成のコツを紹介します。

◉現実的な目標を設定する

「自分ならできる！」と強く思えない目標では意味がありません。周りの誰もが疑っても、自分だけは自分を信じてあげてください。自分を信じるためには、自分ができると思っていない目標は意味がないですよね。投資を始めて間もないのに、「とりあえずアパートでも買おうか」という本末転倒な目標を立てないようにしてください。

◉期限を区切る

人間は誰でも楽をするのが好きです。休日にゆっくり朝寝坊なんて最高でしょう。これをダイエットに置き換えて考えれば分かりやすいと思いますが、今の体重から

5キロ痩せようと挑んでも、見事に達成できる人はほとんどいません。美味しい食事をしていたら、ついつい「あと一口！」となってしまう気持ち、皆さんにも分かりますよね（笑）。

真剣に痩せたければ「彼と海に行くまでの30日間で絶対5キロやせる！」という強い決意が必要です。しっかりと期限を区切りましょう！

なお期限を区切るのはいいのですが、わずか30日で物件を買うような目標にしてしまうとダメ物件を買ってしまう恐れがありますから、「30日で6件の内見に行く！」などの目標にしてください。

◉逃げ場をなくす

言わずと知れた「背水の陣」を敷くことです。

奥さんや親友、両親など、掲げた目標が達成できなかったら恥ずかしいと思う人に、目標を伝えてしまいましょう。

これによって困ったとき、疲れたときに、もうひと踏ん張りする力が湧いてきます。人の能力にそこまで大きな差はありません。追い詰められてからのひと踏ん張りで周りに差をつけて目標を達成しましょう！

◉既に達成した人から学ぶ

不動産投資に限りませんが、何かを達成したければ目標を持ち、できれば既に達成している人から学ぶことです。

実際に私の不動産事業も数年前から順調ですが、戸建てを買って30％以上の超高利回りで運営する投資法を習得したからです。これは、とある投資クラブに入って明確な目標を持ったことにより、初めて達成することができました。

それ以降、わずか半年のうちに戸建てを7戸購入することができ、再生の終わった戸建ては平均して利回り30％で回せているのです。

08 「物件欲しい病」に注意!!

この病気は、投資を始めて初期のころだけでなく、中級者もかかってしまう恐れのある非常に完治が難しい病気で、残念ながら完璧な予防ワクチンは開発されていません。

そして、この恐ろしい病気を巧みに扱うことに長けた不動産会社がいます。彼らは「無料セミナー！」などと称し近づいてくるのです。しっかりと知識を身に付ける前に、そういった会社と出会ってしまうと、かなりの確率で集団感染してしまう病気なのです。

この病気にかかるプロセスを以下に説明しますので、皆様しっかり手洗い、うがい、理論武装をして、罹患《りかん》しないようにしてくださいね！

◉物件欲しい病に罹るプロセスの例

①「不動産投資って儲かるんだ？　ぜひ私もトライしたい！」と思う。
②不動産投資の著作を読み、ネットで検索して、いずれかの不動産会社の無料セミナーや面談に行く。
③不動産会社からいくつかの物件を紹介され、貴重な休みをつぶして、何棟か見た中であなたはこう思う。

「CFも出るし、築浅、駅からも5分で歩ける。こんなに儲かる物件は滅多に無いぞ！」

しかしながら投資が初めてで、金融機関との繋がりもないあなたは、この物件が本当にいい物件であれば、ほぼこれを買えません（何の瑕疵もない、本当にいい物件は融資スピードも非常に早く現金で買う人もいます。そもそも週末に現地で見て考えるようなスピード感で買えることは、まず不可能とお考えください）。

結果として物件を買えなかったあなたはこう思うことでしょう。

「せっかく見つけた1000戸に1戸の、絶対に儲かる物件だったのに悔しい！」

「でも、私の目線は正しかったという証拠ではないか？　よし！　また頑張ってあれよりいい物件を見つけてやるんだ！」

とてもいい考え方です。頑張ってください。

あきらめずに頑張ったあなたは数カ月もすると、再び絶対に儲かる物件を見つけることでしょう。しかしながら、よほどの強運でもない限り、その物件はまた別の方に買われてしまいます（あなたが目利きのできる人でも、その物件が本当に良ければプロの大家が現金で買っていってしまいます）。

せっかく貴重な休日をつぶしてまで、奥さんや旦那さん、子供たちに寂しい思いをさせているのに、何カ月経っても何の成果も出ない……。

もしかしたら、そもそも自分の買いたい物件なんて世の中に存在しないのではないか？

あなたに限らず、誰でもこう思いたくもなりますよね。

このような精神状態に陥ったとき、また不動産屋さんからの電話が鳴ります。そしてマイナス面はあるものの、ある一点だけを見れば、１０００戸に1戸の物件に出会うことになります。

その物件は、今まであなたが重要視していた何らかの条件を欠いているのです。例えば……。

・駅近で探していたのに徒歩20分

・築浅で探していたのに築25年

・利回り10％で探していたのに利回り９％

・他は満たしているけど再建築不可

ある条件で探していて、その条件よりも悪くなれば、他の条件でバランスが取れないうちは進めるべきではない……これが普通の思考ですが、そろそろ物件探しに疲れ果てたあなたは思わず聞いてしまうのです。

「営業マンさん、これっていい物件ですよね？」

この営業マンがどう答えるかは、もう皆さんにもお分かりですね？

なぜ、孫子大家はこんなにも具体的に、物件欲しい病の症状がわかるのかって？

私も元患者だったからです（笑）。

偉そうに本を書いている私も、1棟目は見事に業者さんに転がされて、買うべきではない物件を買ってしまいました（詳しいエピソードは第7章で紹介しています）。今回、私のこの恥ずかしい失敗も皆さんと共有することで、一人でも同じ病気で苦しむ人が減ることを切に願います。

残念ながらこの病気のせいで、ご自分の不動産投資に後悔している人もおられると思いますが、今からでもしっかりと学べば、その被害額の何倍も稼げる可能性があることをお伝えしていきたいと思います。

第2章

あなたの戦略はこれ!
年収別ノウハウ

09

不動産投資の「正解」は複数ある

この本をここまで読んでいただいている皆様は、しっかりと勉強をしてから、もしくは勉強をしながら不動産投資に取り組んでいると思います。

不動産投資の本を読むこと、それ自体は素晴らしいのですが、10冊も読んでいると、場合によっては初めに読んだ本と全く違うことが書いてあったりするので混乱されている方も多いのではないでしょうか？

ある本には【どんどん融資を引いて拡大することが不動産投資のキモ】

ある本には【規模よりも収益性が大切】

ある本には【都内新築が一番儲かる】

ある本には【地方高利回りなら低年収でも物件が増やせる】

などなど、例を挙げていくとキリがないのですが、時には全く逆のことが書いてあります。これはある本が間違っていて、ある本が正解ということなのでしょうか？

実は、どちらでもありません。

正解は「ある属性の方において、○○という投資法がより正しい」ということです。

より正確にいうと「○○県出身、○歳で奥さんは○○県出身で○歳、子供は○名。サラリーマンで年収○○○万円、貯金は○○○万円、今から不動産投資を始めて、○○年で○○という目標を達成したい方で、そのために週当たり○○時間をかけることができ、DIYもその手段としては取り入れられるという方においては、○○という投資法をメインに、場合によっては、○○という投資方法を組み込むのが正しい……」というように細かい情報を元に、リスクやリターンの考え方をふまえて投資法は決定されるべきです。


残念なことに不動産は本当に奥が深いのと、融資情勢により選択すべき手法は少しずつ変化しますので、相当深く勉強している方でないと、いくつもの投資法で同時に成功するのは難しいといえます。

しかしながら、誰かと競争しているわけではないので、収益を最大化させないといけないわけではありません。

確実に儲けることを目的とするのが不動産投資であれば、自分に合ったいくつかの選択肢の中で、一番自分が興味をもって取り組みたいと思えるものに集中して勉強するだけでも、十分成功できるのが不動産の懐の深さです。

一つの知識、やり方をしっかりと身に着けた上で、次の投資手法に進んでいけばより堅実な不動産投資が進めていけると考えられます。

このように一つのやり方をきちんと行えるだけで、不動産投資家として十分に利益を上げていけるわけですが、複数の手法を理解しているほうがさらに有利です。

選択肢を持って投資に取り組めることで、金融情勢が変わっても勝ち続けていくことも可能です。ただし、それはあくまで次のステップです。繰り返しになりますが、まずは一つ、自分に合った投資手法を見つけていくのが重要です。

このように段階を踏んで、複数の手法の理解を深めて取り組めるようになれば、ほぼ損をすることなど無いとは思いますが、この「理解を深める」というのが、一筋縄ではいきません。

今、本を読んでいる方にお伝えする話ではないかもしれませんが、自分で実践せず、ただ本だけで学ぶのなら、おそらく１００冊読んでも足りないのです。なぜならば、私が100冊読んだ上で大失敗したからです……（涙）。

２００冊以上の本を読み、自分自身で数年間投資して、再生から売却までと、最低でも新築1棟は経験をされないと、本当の深い不動産投資のレベルには到達しないと思われます。ですから、よほど信頼できるアドバイザーや先輩がいない限り、初めの1棟目はある程度小さなものを購入されることを一般的にはお勧めします。


ゴールや、とれるリスク、属性などにより、買うべき物件が変わってしまうので、不動産のアドバイスは本当に難しいものなのです。

読者の皆さんは、不動産仲介会社に行って「何かいい物件はありませんか？」と聞いて、自分の年収と現金を告げた直後に、案件情報提供をされたことはありませんか？

これは、不動産営業マンにとって融資が付けられる、できるだけ仲介手数料の大きい、決めやすい案件の提供であって、あなたが不動産投資で成功するためにいい案件のご紹介ということではないので、この点は注意してください。

不動産の投資戦略はこれだけ深い内容なので、本という片面方向のコミュニケーションツールだけでは、読者の方に完璧な戦略を立案することは不可能なのです。

それでも、多くの本を読めば大枠の概要は理解できますので、私の本だけではなく様々なジャンルの不動産投資の本を読んで、どうか学びを深めていただければと思います。

10 どんな手法が自分に向いているのか

それでは年収別に、どのように不動産投資を進めていけばよいのかを解説していきましょう。

年収別で4つのパターンに戦術を分けますが、ここでいう年収とは、通常の年収+キャッシュフロー（以後CF）としています。つまり、会社からのサラリーだけではなく、不動産投資を進める中での収入増によってステップアップが可能です。ステップ①から始めても、いずれはステップ④に進んでいくことができます。

また、同じ年収であっても両親に資産がある、配偶者に収入がある。もしくは自身にまとまった預金があることによっても、とれる戦略やそれを実践するスピードが変わってくるものです。ここでは、あくまで参考として年収別の戦略を提示していることをご理解ください。

11

あなたが【年収300万円以下】の場合

残念ながら、この年収では融資を利用して物件を買うことはかなり厳しいでしょう。絶対にできないとは言い切れませんが、高年収の方と比べたら極めて難しいといえます。この状況を孫子の兵法を当てはめて考えますと、次のような状態です。

孫子の兵法 軍争篇

「諸侯の思惑をつかんでいないようでは、事前に手を結び同盟するようなこともできず、山林や険しい要害や沼沢地などの地形を把握していなければ、軍隊を動かすことはできない」

「その土地に詳しい道案内を雇わないと、地の利を活かすことはできず、有利に戦えない」

孫子大家 意訳

「銀行の考え方を知らない方、またはその考え方にそぐえない方は融資を使うことはできません。年収・現金・担保を持っていない方は、評価を受けることができません」

「そのため、まずは投資家として金融機関が評価してくれる状態になるようにすることが重要です。年収を上げ、生活費を削減し、現金を貯めることが重要です」

それでは、この年収帯の方は不動産投資をできないのでしょうか？

そんなことはありません。

不動産投資は融資を使う方法ばかりに注目されがちですが、実は現金で買うことにもメリットがあります。一般的に市場価格よりも安い物件が出た場合は、不動産屋さんに買い付けがいくつも来るわけですが、仮にあなたが不動産屋さんだとすれば、どんな売り主に売るでしょうか？

これは人にもよりますが、まず確実に買ってくれる人を優先しませんか？

確実に買ってくれる人＝現金で買う人……。

そうです。あなたは現金を貯めれば不動産屋さんに優先される人になれるのです。

「そんなこと言っても年収300万円以下の私に、どうやって貯金しろというの？　孫子大家さんはお金があるからそんな身勝手なことを言えるのでしょう」

そんな苦情が聞こえてきそうです。

確かに、今では多くの現金を持つ私ですが、かつては相当に苦しい状況でした。学生時代など、TV番組のコーナーを超える、「月額3000円生活！」をリアルに実践していた時期もあります（涙）。

年収が低いといっても、現にあなたは、今その年収で生活しているわけですよね？　今より切り詰めるのは難しいですし、辛いことだと思います。でも、今を努力すれば、将来を変えることができるかもしれないのです。逆に、今この章を読んでも、昨日までと同じ生活をして貯蓄をしなければ、おそらく5年後、10年後も同じ生活を強いられることになるでしょう。

長い人生の数年間くらい、未来のために努力をしてみませんか？

具体的な節約の方法は節約本に譲るとして、私のやっていた節約法としては以下があります。

◉孫子大家流節約術

・魚を釣って食べる（エサも現地でフジツボを砕いて取っていました）
・アケビや、ヤマモモ、タラの芽や、つくしなど自然の恵みをいただく
・笹の葉の新芽を抜いてお茶にする
・近所の畑の農作業を手伝って野菜をもらう
・金券ショップをうまく使って、同じ商品でも商品券で5％程度安く買う

これ全部ホントにやっていました（笑）。あとは削れる金額が大きいので、以下についても必ず実行すべき節約です。

◉効果のあるお勧めの節約術

・スマホを格安シムに変える
・お付き合いで昔に入った保険を見直す
・健康にも害のある、過度な飲酒やタバコを控える

・胴元が絶対に儲かる、競馬やパチンコをきっぱりやめる

さぁ、無駄を削減したら今度はお金を増やす番です。

実は、削減よりも増やす方が簡単でインパクトはあるのですが、削減しないで増やすと、人間というものは増えたら増えた分だけ「せっかく頑張って増やしたのだから！」と浪費してしまうものです。

まずは削って、次に増やす……この文章を書いていてふと思い出したのですが、経験の高いフィジカルトレーナーもボディメイクをする際は、まずは体重を減らして、筋肉が目立つ下地をつくってから筋肉を増やすことで、より成果が効果的に出るため、結果としてボディメイクが成功しやすいと証言していました。

面白いことに人体生理学的には、筋肉と脂肪を同時に増やしてから、脂肪だけを落とした方が、ボディメイクはしやすいと思えるのですが、科学的な答えと、実際に現場に立ったとき、人間の感情が入るのとでは、答えが全く違ってくるということなのでしょう。

それでは具体的にどうやって収入を増やしていけばよいのでしょうか？

これも様々な専門書があると思いますが、以下のようなやり方が考えられます。

◉副業を行う

この際、もちろん少しでも時給単価が高い仕事を選ぶほうがいいのですが、時給だけで選ぶのではなく、今後の不動産投資につながるような副業を選ぶのも一つの考え方です。

ＤＩＹをされている先輩大家さんの物件再生を手伝うなども考えられますが、入居者付のためのステージングの代行、入居者付のための客付け営業周りなど、アルバイト代をもらいながら、大家として必要な技術の習得や人脈作りも同時並行で行うことができます。

また、大家業はコミュニケーション能力も高く求められます。そういった意味で、電話営業のテレホンアポインターも非常に役立つバイトだと考えられます。

ちなみに孫子大家をご存知の方は驚かれると思いますが、実はとても人見知りで話すことが苦手でした。今でもパーティーなどでは話しかけられないと、端っこの方でケータイと対話しています。見かけたら優しく話しかけてあげてください（笑）。

そんな私でしたが、大学時代のテレアポのバイトにより、一気に話術が覚醒したのです。

本質的な性格は内向的なままなのですが、必要な場面に応じて意識しているわけではないのですが、外交的な性格を無意識で演じられるようになったらしく、対話や交渉においては、得意というレベルまで行うことができるようになりました。

◉本業の年収を上げる

おそらくこの年収帯の方は、働かれている職種というよりも、働いている業界の利益が上がりにくいのではないでしょうか?

職種や居住地にもよりますが、職種は横滑りでも違う事業体の会社で働くだけで、年収が数十万円~百万円単位で上がることが考えられます。

◉己の能力を上げて会社の評価を上げる以外の選択も考える

この年収帯の会社ではおそらくですが、収益が出ていない会社です。そのため自己の能力を上げたところで、給料は上がらないことが多いです。

まず、年収を上げてから転職することも検討の中に入れてもいいのですが、転職をしてから自己の能力を上げることを検討するほうが、短期間での年収アップにつながると考えられます。

ただし、この年収帯の会社でも、営業職など極めて固定給が低いですが、インセンティブが高い会社もあります。そのような場合は魅力的なインセンティブを使って、転職ではなく、その会社での年収アップを目指すことも選択肢に入れておきましょう。

12

あなたが【年収300万円～500万円】の場合

この年収帯の方は、金融機関から融資を引ける可能性があります。ただし、条件としてまだまだ厳しく、左記の3つのうち、どれかを満たしている場合で、金融機関によっては可能性が出てきます。

◉年収が高くなくても融資が受けられる条件

①ご両親に十分な資産がある
②配偶者の年収を足すと世帯年収が700万円を超える

③担保に入れられる、自宅を相続で取得しているなど

それではこの、①②③を満たさない方にはチャンスがないのでしょうか？

不動産からは離れますが、この方たちは転職によって大きく年収がアップする可能性が非常に高いです。

ぜひ、業界を熟知したプロの転職コンサルタントに出会ってください。ときに転職を止めてくれるような卓越したコンサルタントと出会えば、100万円単位の年収アップも難しくありません、

孫子大家の本業は、こうした転職サポートなのですが、私の担当した実例だけでも、年収400万円台の人が「700万円近くまで増えた！」ということが何度もあります。うまく転職が成功すれば、数カ月で次のステップに進むことができます。

さて話が転職にそれてしまいましたが、転職せずに前述の3つの条件を満たさない場合はどうすればいいのでしょうか？

実は、現金を貯めて戸建てや区分マンションを買っていくことで、その収益も、その方の年収と考えてくれる銀行があります。

月額家賃6万円、年収72万円の戸建てを、利回り15％、480万円の現金で購入したと仮定しますと、固定資産税6万円を引いて、ざっと66万円が残ります。

現在の年収が400万円の方で想定した場合では、この480万円の戸建てを2つ買うことで、次の融資を使って投資をしていくステージへと進むことができます。

ここで「利回り15％の投資物件なんてあるの？ 戸建てが480万円？」などと思われている方、そんなことはありません。

実際に孫子大家は、最低でも利回り20％以上で戸建てを購入する基準です。2018年の1月〜6月だけでも戸建てを7戸も購入しておりますし、私がコンサルをしている生徒さんや投資クラブの仲間も同じようなレベル、いや、それ以上の物件を何戸も購入しているのです。

実は、この利回り15％というのは、私たちのレベルの大家が急いで物件を売却するときの出口の値段なのです。

ただし、このステージの方は金融機関からすると、あまりお金を貸したいという属性ではなく、有利な条件でお金を借りるのが難しいため、現金で購入することもお勧めの方法です。

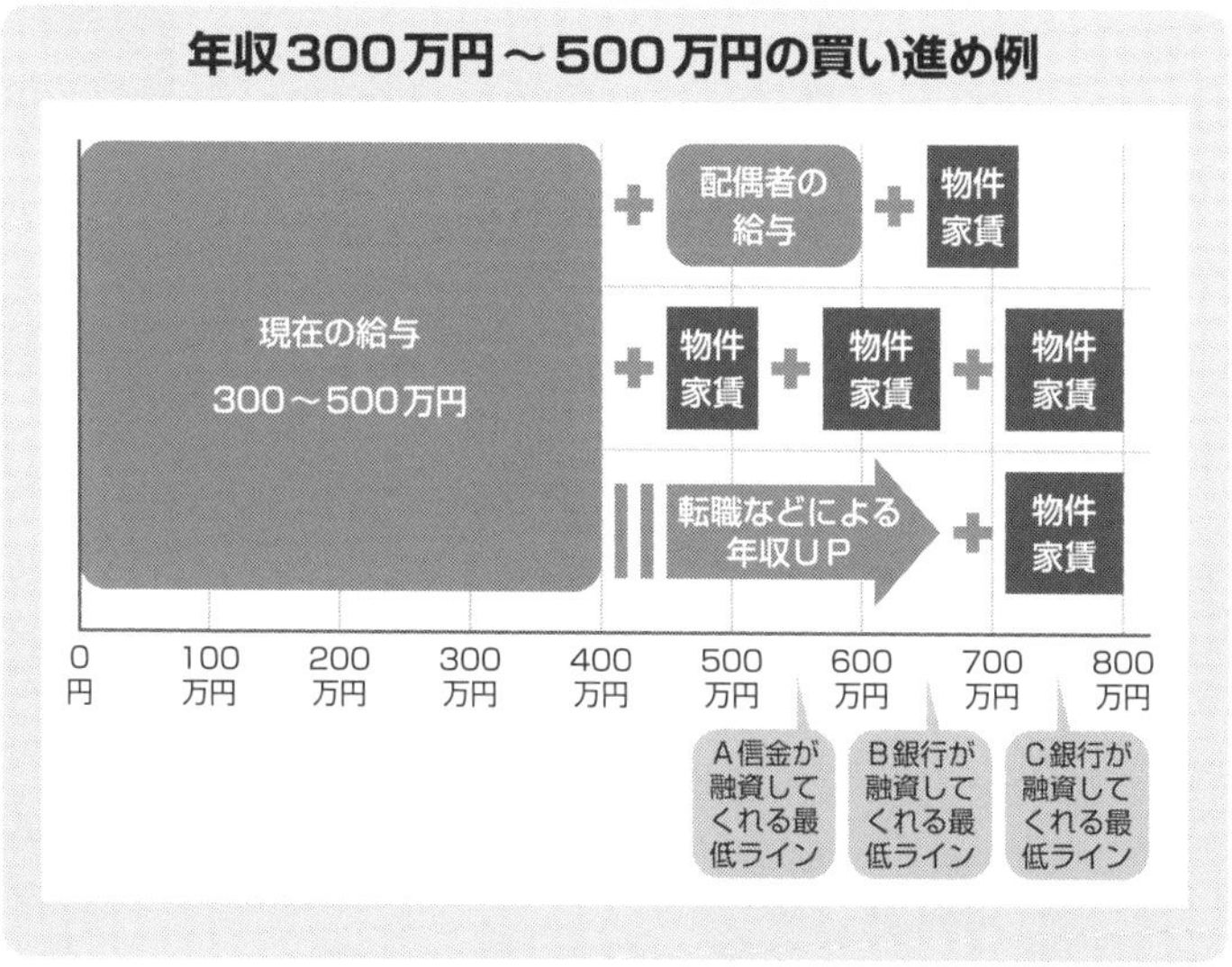
年収300万円～500万円の買い進め例
現在の給与
300～500万円
配偶者の給与
物件家賃
物件家賃
物件家賃
物件家賃
転職などによる年収UP
物件家賃
0円
100万円
200万円
300万円
400万円
500万円
600万円
700万円
800万円
A信金が融資してくれる最低ライン
B銀行が融資してくれる最低ライン
C銀行が融資してくれる最低ライン

孫子の兵法 九地篇

「勝てる戦い以外は避けるべきだが、敢えて相手が、大兵力で準備を整え攻めて来たら、どのようにしてこれを迎え撃てば良いだろうか？」

「まず、敵が重要視しているものを奪えば、こちらの思うように動かすことができるだろう。戦争における要諦は、迅速に動くスピードにある。敵の不備を衝き、予測していない方法を取り、警戒していない地点を攻めるのだ」

孫子大家 意訳

「生活に余裕のないあなたが、高年収の人と同じ物件をあえて買いたいという状況において、高年収の人が、しっかりと勉強して、頭金も整え物件を購入するライバルとして現れたらどうしたらよいのでしょうか？」

「相手方と正面から立ち向かわず、何らかの方法で相手が望むものを先に購入すれば、より高い値段で融資を使い、その物件を購入してもらえます。投資においては資金も重要だが、迅速に動けるスピードが命です。相手が内見を『いつにしようか？』そう考えている間に、現金や金利は高いけれど審査の早いノンバンクで契約を結んでしまえば手出しはできません」

13

あなたが【年収500万円〜1000万円】の場合

年収500万円から1000万円の層は、融資を中心として一棟物件を購入していきます。基本的には頭金10%くらいを入れて融資を受けますので、自己資金もある程度は用意できなくてはいけません。

このステージで一番重要なポイントは、次の「年収1000万円以上」のステージに進むためのステップであるということです。

孫子の兵法 勢篇

「戦いに巧みな指導者は、勢いによって勝利を得ようとし、兵士の個人的な力に頼ろうとはしない。巧みな指導者が、兵士たちを戦わせる様は、物を転落させるようなものである。平らな場所では静止しているが、傾けば動きやすい。形は円形であれば動き出す。したがって、兵士たちを巧みに戦わせる勢いとは、丸い石を高い山から転げ落としたように仕向けることであり、これが戦いの勢いというものである」

孫子大家 意訳

「上手に物件を買える人は勢いがあるからです。ハンターのようにチャンスをとらえて一撃で獲物を得るのは可能です。したがって上手な投資家は、チャンスが来れば一瞬で物件を取得することに全力を注ぎます。勢いを蓄えるときは本業に集中し、チャンスが来れば、ただ全力を尽くすのみです」

ようやく、このステージまでやって来ました！

ここでは融資を使って飛躍することができます。自分の投資スタンスに合った、利益が見込める物件をスピーディーに取得していきましょう。

前のステージから年収アップや、戸建てを買ってこのステージまで来られた皆様、おめでとうございます！　これからは強力な味方、融資が使えるようになるので、投資がぐっと楽になります。

逆に、初めからこのステージの年収を得られている方は用心してください！

アルバイトで、実力のある大家さんの手伝いをしながら勉強をしてきた方や、自分で戸建てを買って、修繕や入居付けをしてきた方は最低限の知識をお持ちですが、いきなりこのステージの方は、不動産会社にとっては非常に売りやすい顧客です。

また最近では、たちの悪いことに有名大家さんの中にも、全く良いとは思えない物件を売りつけて、業者からお小遣いをもらう人もいます。

日本の平均年収を超えているとはいえ、現金を豊富に持っているという理由ではないので、初めの投資であまり勉強もせず変な物件を買わされてしまうと、それだけで投資の成功から離れてしまいます。


さて、このステージの方は融資が使えるとはいえ、資産家出身以外の方では、残念ながら低金利のりそな銀行や、みずほ銀行などの都市銀行を使うことはできません。

このステージの方が使える金融機関といえば、次の2種類です。


◉年収500万円〜1000万円で使える金融機関

①地方銀行、信金、信組、オリックス銀行など、エリアが限定的な金融機関
②三井住友トラストローン&ファイナンス、公庫など広範囲に対応可能な金融機関

ただし一部の信金、信組は広域に融資をすることもあるので、大家会などでよく情

報交換をしてください。

また、①は現在住んでいる場所だけでなく左記の場所も検討対象になることがあります。あきらめず、直接金融機関への問い合わせを続けていくと道は開けます。

◉融資を受けられる可能性のあるエリアの条件

・学生時代に住んでいたことがある
・自分の出身地である
・配偶者の出身地である

さて、具体的にどんな物件を買ったらよいのでしょうか。

このステージでは多少の難はあっても収益性を重要視して買っていくほうが現実的だといえます。

もちろん、法定対応年数内の物件で、高利回りの物件を買えれば今後の拡大もしていきやすく最高なのですが、現金を数千万円以上保持している方以外は、2018年後半の融資が難しい状況です。

多数の不動産投資経験も、現金も、もっと良い属性もある大家さんを出し抜いてその物件を購入できるまで待つのは非現実的だと、言わざるを得ません（もしもそんな物件が、あれば是非買ってくださいね）。

この属性の方が法定対応年数内の物件を狙うと、今の市場では多少田舎で、利回りで10％が良いところではないと思われます。おそらく金利は2％ほどになるので、それではあまり利益が出ないといえます。

それよりも、第一段階として場所によりますが、地方木造で利回り14％～20％で回るものを、金利2％～4％で仕入れて、キャッシュフローを重視します。

そして、第二段階としてそのキャッシュフローを使って、無借金の高利回りの戸建てを買うなど、資産性よりも収益性を強化していき、次の金融機関がより貸しやすいステージに進んでください。

14 あなたが【年収1000万円〜】の場合

投資の拡大期です。このステージではアパートだけでなく、地方の大きなRC物件を購入することができます。ただし選択肢が広がる分、しっかり物件選定を行う必要があります。

このステージでは地方銀行だけでなく、都市銀行を使っていける可能性もあります。ただし、都市銀行はエリアにもよりますが、年収1000万円だけでは使えません。銀行の融資の可否は本店からの指示によっても異なりますし、その時期や支店長の考え方、ノルマに対して達成しているかどうかによっても異なります。

やはり都市銀行の融資のハードルは高く、それらを含めて年収1000万円は最低基準といえるでしょう。

前述のタイミングを踏まえて、2018年現在では左記の①②がスタートの最低基準とお考えください。

◉年収1000万円に加えて他に必要な都市銀行の門戸を開くための必要条件

①現金や株で、日本国にある流動性の高い金融資産で3000万円
②無借金の不動産で資産価値として数千万円規模と、1000万円以上の現金

さて、都市銀行の利用が難しいという話をしましたが、都市銀行の中でもR銀行は基準が割と低く、①②を満たせば、利用できる可能性は十分あります。

使わないと拡大できないわけではないのですが、都市銀行は金利が低く、融資範囲が大きいので、いつかは使いたい銀行です。

「不動産投資の収益を足して年収1000万円がやっとなのだから、そんな大金は作れないよ……」とお嘆きの皆様。第5章を参考にして、現金を増やすという考え方も持ってみてください。

都市銀行を使わず、そのまま規模拡大を目指すやり方もありますし、一旦、現金ポジションを増やしてから都市銀行を使うやり方もあります。この辺はスタンスや好みによっても異なりますので、じっくり検討していただければと思います。

都市銀行の話が続きましたが、このステージの方がメインで利用している銀行といえば地方銀行です。この年収帯は銀行にとって、よりリスクをとれる貸出先と考えることができます。

結果として前のステージよりも金利が安くなることが多く、また空室が多い物件や、規模の大きな物件でも融資を受けることができます。また、このステージの方でももちろん、信用金庫・信用組合・三井住友トラストL＆F・オリックス銀行・公庫などで融資を受けられます。

また逆説的には、このステージの方なら前述のように、よりリスクがとれるわけです。投資は基本的には、ローリスクローリターン、ハイリスクハイリターンです。

つまりこのステージの方が、（リスクを取らずに）普通に満室のキレイな物件を買うということは、機会損失をしているともいえますので注意ください。

それではなぜ満室物件を買ってはダメなのでしょうか？

正確にいうと、ダメというわけではないのですが、満室物件は融資が出ることが多く、したがって買える人が多くなります。結果として値段が高くなることも多く、投資という観点から見たときに、面白くない投資対象であることが多いのです。

しかしながら、非常に稀ではありますが、満室でしかも相場より大幅に安い物件を見つけられるときがあります。

これを僥倖《ぎょうこう》と言わずして何と呼べばいいのでしょうか？

ちなみにこの原稿を書いている2018年7月現在、私は残存対応年数16年、3戸の満室ファミリー物件、積算価格＞物件価格、都内の利便性がある駅から徒歩12分、表面利回り20％で融資の審査中です。これが買えるかどうかはまだわかりませんが、こういった案件も現実に存在しているのです。


さて、具体的にこのステージの方が買うべき物件には、様々な手法がありますが、分かりやすい一例をあげておきます。現金がある程度あると想定した場合は、購入対象物件は前述のような空室の多い物件再生系です。

高額所得者でこのステージにいきなりいる方は、いくら属性があってもなかなか銀行が全空物件には融資をしないと思いますので、一棟目は現金でとなります。

規模としては500万円～2000万円程度の小ぶりの古いアパートを買って再生し、それを共同担保に入れて、大きな空室率の高い物件にチャレンジする方法がお勧めです。

普通に頭金を入れて購入する方法もありますが、それではその入れた頭金はお金を生み出しません。

そうであれば、物件を現金で購入して家賃収入を得ながら、その現金購入した物件を頭金代わりに抵当に入れて購入すれば、より効率的な投資が可能です。目安としては修繕後の利回りは12％～20％を想定してください。

補足ですが、得られる利回りは投資するエリアによって異なりますので、とにかく「相場より安く買うこと」を意識してください。

この際、ほかの物件を買うためや、何か突発的な事象に備えるためにも、現金購入後であっても、ある程度現金を残せる程度の規模の案件を購入してください。

1棟目の再生後は、その物件を担保として、大体1棟目の5～10倍くらいの物件が買えると考えてください。躯体としては、重量鉄骨造～RC造の物件になります。ただし、物件購入エリアが地方の場合は、購入金額が5000万円を超えると流動性が極端に落ちてくるため、出口に苦戦する可能性があります。そのことを理解した上で仕入れを行ってください。

孫子の兵法
作戦篇

「戦争には多少拙い点があったとしても、速やかにことを進めたという成功事例はあるが、完璧を期して長引かせてしまったという成功事例はない」

孫子大家 意訳

「投資家たるもの、完璧でなくても、チャンスと見ればとにかく突き進むことが重要です」

2017年のことです。孫子大家はこれまで、満室物件を買ったことが1度だけあります。今までに戸建て・アパート・マンションなど20棟ほど購入してきた中で唯一のケースです。

これは完全に値段の付け間違えの物件で、夜の11時ごろに情報を手に入れて、深夜1時半に現地を見に行き、そのまま現金で買い付けを入れました。

担保用に保持用としていた物件ですが、ご縁があって半年後に購入価格の150%ほどの価格で売れ、1400万円の売却益が出ました。

しかもこの売却をエピソードとして、ある大家会で発表したのですが、私の次の次の発表の方がこの物件の購入者でしたので、なんだか気まずい思いをした思い出の物件となりました。

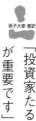

あぁぁぁぁ
ほしいいい
ほしいいい
かっちょいい〜

第3章

【実践】不動産はこうやって買う!

15

絶対に損をしない購入指標とは?

皆さんは不動産で儲けたいわけですが、当然損はしたくないですよね?

それでは絶対に損をしない値段で買えれば、非常に低リスクで物件を購入できると思いませんか?

ここで孫子の兵法を当てはめて考えますと、以下のようになります。

孫子の兵法
軍刑篇

「昔から戦いに巧みな者は、まず敵が自軍を攻撃しても勝てないようにしておいてから、敵が弱点を露呈し、自軍が攻撃すれば勝てるようになるのを待ち受けたものである」

孫子大家 意訳

「まず、損をしない物件を購入しましょう。損をしないことを確定させた上で、様々な試みを行い、大きく利益を出す方法を探せばよいでしょう」

損をしない価格……つまり、相場より20％ほど安く買っていれば、ほぼ負けるリスクはありません。

なぜならば購入した後に、もしも何らかの個人的な理由、もしくは何か一点読み違えたことにより、仮に早期売却を求められたとしても、購入費用は、購入時の仲介手数料＋保険料＋登記費用＋取得税などで約７％、売却費用は仲介手数料で約３％取られます。

特別な事情がなければ購入と売却で約10％の経費がかかるということです。

何らかの理由があり、売り急ぐ事情があったとしても、相場より10％安く売り出せば、当然ながら買い付けは殺到します。経費で10％、売り急ぎの値下げで10％を足して、20％の損失で手じまいにすることができます。

そのため、相場よりも20％安で物件を購入しておけば、不測の事態で急に現金化が必要になったとしても、損をすることなく手じまいにすることができます。

その他、場合により測量費用、隣家との道路に関する筆料や、借地の場合は名義変更料などを別途考慮する必要があります。

ここで注意してほしいのは、あくまで相場よりも20％安く買うことが目標です。勘違いして、売り出し価格よりも20％安く買うことを目標にしないでください。

売り出し価格とは、あくまでも売り主さんの希望する値段なので、これは参考価格と考えてください。

また、この相場の20％安く買う基準値の金額ですが、20％安く買うそもそもの理由が、まず「負けないこと」「損をしないこと」です。

例えば家賃について考えると、いくつかの部屋がある中で、一部屋だけ10年も同じ人が住んでいて､その人の家賃が高い状況にあるとします。もしもその人が出てしまったら家賃は下がることが想定されます。それらを加味した適正家賃から価格を算出するようにしてください。

「孫子大家さん、相場の20％安く買うことが、安全でよいということは分かりましたが、そんな値段だと全く不動産屋が相手にしてくれませんよ！」

「一生懸命に相場を調べて、奥さんの白い眼をかいくぐって、休日までつぶして物件を見に行ったのに。これでは買い付けのために使った時間が無駄になります！」

なんて声が聞こえてきそうですね。

確かに、せっかく買い付けを入れたのに、それが無駄になるのは堪えます。私なんて毎週、最低でも2回～3回は断られるので非常によく分かります。

しかし、あなたが不動産投資を始めた理由は、そもそも何だったのでしょうか？

物件を購入するため……ではないですよね？

いい物件を購入して、保有して利益を出すためですよね？

買主にとっていい取引というのは、それほど多くありません。それこそ本当にいい取引ならば、不動産屋が裏でこっそりと買ってしまうことも多いのです。

孫子大家の例でいうと、指値が検討の土俵に乗るのは約10％でしょうか。そのうち、実際に購入まで進むのは2％～3％です。ということは100件の物件を査定して買い付けを出せば、2件～3件は必ず儲かる資産が手に入る確立です。

現に、孫子大家の2018年1月～7月末までの実績では以下となります。

◉アパート・マンション

○神奈川県某駅　徒歩6分　1億1100万円

17世帯のアパートを建直して新築利回りで12％～13％。

○名古屋市某駅　徒歩20分　270万円

10世帯だったアパートを4戸に減築する予定で購入しました。4世帯アパートでの想定利回りは30％を想定しておりましたが、ご縁があってペットの飼育所として使用したいという方と偶然出会いました。リフォーム代が減り、礼金が入ってくることからリフォーム代430万円を支払って利回りは約35％になりました。

○大阪府某駅　徒歩4分　築50年
　1270万円の廃墟のような12世帯マンション、リフォーム後の想定利回り30％。

◉戸建て

○神奈川県某駅　徒歩5分　150万円
リフォーム後の想定利回り40％（客付け中）

○千葉県某駅　徒歩15分　280万円
リフォーム後の利回り22％

○神奈川県某駅　徒歩15分　64万円
　1戸を半分で区切ってテラスハウスにリノベーション。リフォーム費用を入れて固めに見ても利回り30％の予定です。

○神奈川県某駅　徒歩9分
明治や大正築の建築物が密集する集落を全部購入。そのうちキレイな物件を投資家の方に中間省略の形で購入してもらい、私自身は、築110年近い、3人の入居者が家賃2年滞納していて、残り一人は誰かわからない人が勝手に住んでいるという案件を購入しました。

建物が基礎から曲がっており、鍵をかける概念もない家4軒です。家に入ると、柱や天井が歪んでおり、なんと内装に波トタンが使われているオシャレな物件です(笑)。

取得価格は300万円ですが、滞納金も譲渡を受けたので仕入れ値はほぼ0円。回収ができれば利回り無限物件として運営できます。できなければ退去を促し、建て替えることで新築アパートとして利回り12%~14%を狙える案件となりました。

この物件は立地がいいので売却することは考えていませんが、仮に売却すると売却益で2500万円くらいが狙える土地となりました。

ざっと見て、どの物件もすぐに売却するとなれば、仕入れとリフォーム代を足した値段の150%なら余裕で売れるでしょうから、含み益で1億円以上の利益を生み出せていると考えられます。

16 物件情報の集め方

前ページのようにわずか7カ月の間でも多数の物件を買っている私ですが、買値はご説明したとおり相場の20％以上安い値段です。

これは売り側の仲介会社にとっては、高く売れるものを安く売ってくださいという提案であり、あまり付き合いたくないと思われるお客さんではないでしょうか？

そんな私が、なぜこれだけの物件情報を集められるのか、そのポイントについてご説明します。

まず、物件の売買に至るプロセスについて業者側の目線で考えてみましょう。

◉物件の売買に至るプロセス（業者目線）

①物元《ぶつもと》・物上《ぶつあげ》業者に何らかの形で物件情報が入る

a 管理会社が大家さんより売却依頼を受ける

b 相続もしくは高齢のため、大家さんより売却依頼が地場の不動産屋に入る

c　買取再販業者の営業電話により、大家さんが売却を決意する
d　離婚や相続により、物件売却の依頼が弁護士や司法書士に委託される
e　大家がうまく物件を管理できず返済が滞った場合は、金融機関が抵当権を行使して、その物件を売却しようと取引のある不動産屋に声をかける。eの流れから、競売に行くこともあり、そこで売買が成立するケースも多い。

②　①の物元業者が直接自社で買い取り、もしくは自社のお客さんに物件販売をする。

③　②で売れなかった場合、レインズなどを通して客付け業者にその情報を流し、客付け業者が購入者を探す。探すツールとしては以下のようなものが考えられる。

a　『楽待』『健美家』『不動産投資連合体』『アットホーム』など、各種ポータルサイトに広告を上げる
b　その業者が過去に問い合わせのあったお客さんをメーリングリストにしてあり、そのメーリングリストに案件を一斉送信する
c　セミナーを開催し、セミナー会場にて売却する
d　三為業者（サンタメ業者）が物件を融資特約ナシで買い上げ、自社のお客さんに売却する

物件の商流はご紹介したように①②③の順番で行われるわけです。ここで、初心者のために簡単な用語解説を加えます。

物元・物上業者とは、地主さんに電話や手紙などを送り、物件の情報を持ち主さんから取得してくる業者さんのことです。

競売とは、債務者から債権の返済を受けられなくなった債権者が、債務者の所有する不動産などを裁判所の管理下で強制的に売却し、その売却代金から債務の支払いを受ける手続きのことです。

レインズは業者間ネットワークで一般の人は見ることができませんが、不動産業者であれば情報共有が可能です。つまり、地方の一不動産業者の情報であっても、日本全国の業者に情報が行き渡り仲介することができます（次ページ下の図）。

最後に三為業者とは「中間省略」（新中間省略登記）というやり方で物件を売買する業者です。中間省略とは、AからBへの売買、BからCへの売買があった場合、A→B、B→Cとの移転登記が必要なところ、中間者Bへの移転登記を省略することができます。ありがちなのは、BはAから物件を安く購入して、利益を乗せてCへ売却することです（次ページ上の図）。

新・中間省略登記（三為業者の説明）

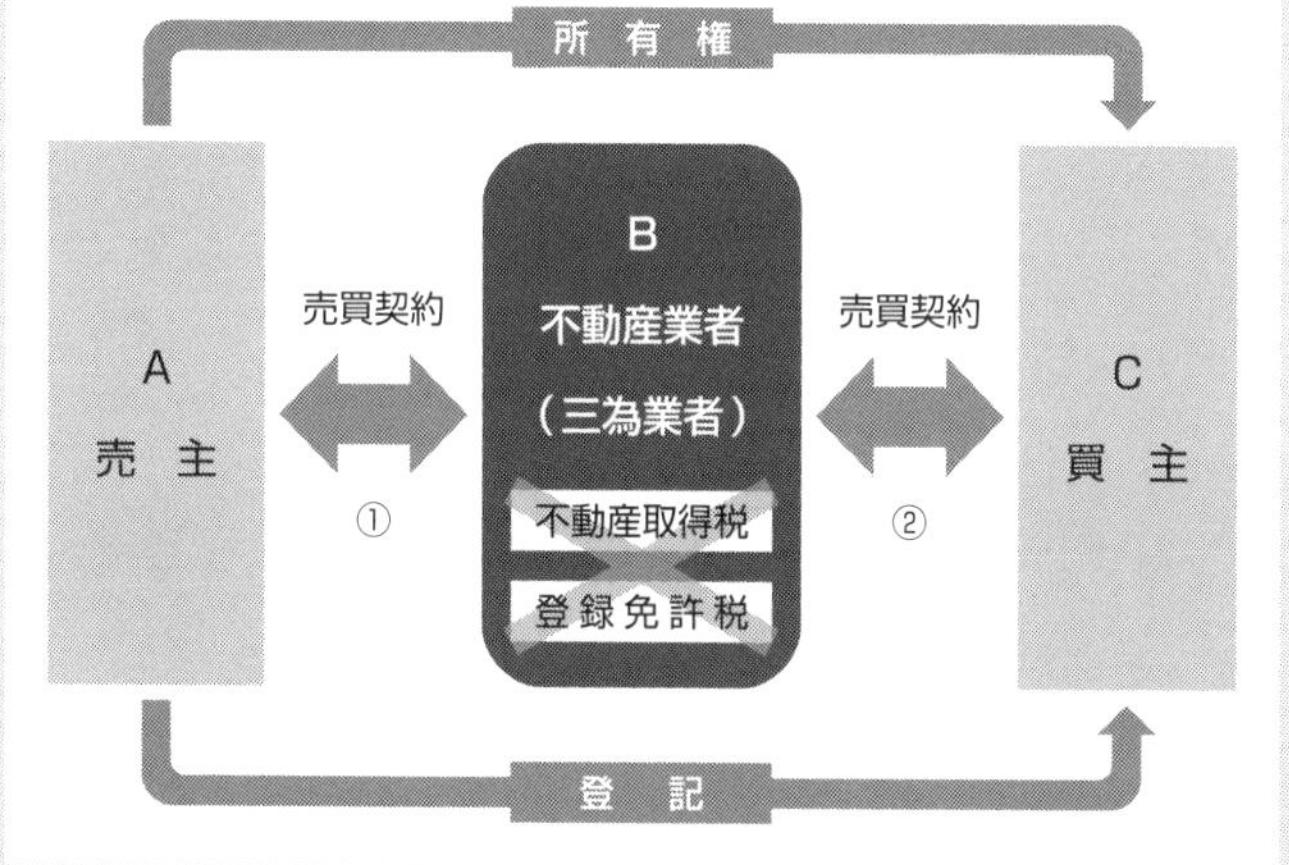

レインズの解説

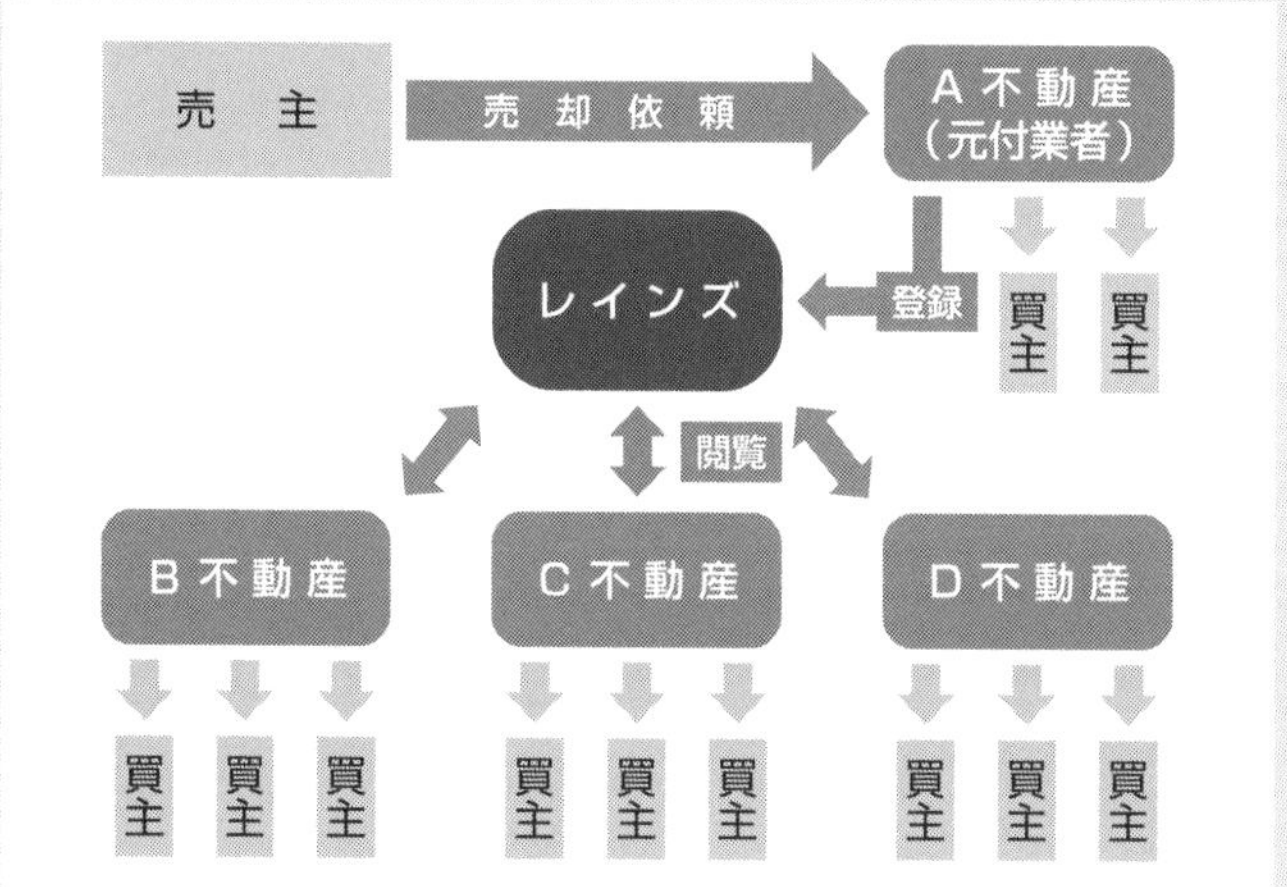

ここで孫子の兵法を当てはめて勝てる物件購入法を考えると、次のようになります。

孫子の兵法 虚実篇

「先に戦場に着いて敵軍の到着を待ち受ける軍隊は余裕を持って戦うことができるが、後から戦場にたどり着いて、休む間もなく戦闘に駆けつける軍隊は苦しい戦いを強いられる。したがって戦上手は、敵を思うままに動かして、決して自分が敵の思うままに動かされるようなことはしない」

「先に物件情報にたどり着いて処理を始めるものは、後にたどり着いてくるものよりも余裕をもって商談を進めることができます。したがって購入上手は、自分が思うままに商談を進め、決して自分がライバルの思うままに動かされるようなことはしません」

つまり、いかに上流の案件にたどり着くかが重要なのです。このようなことを書くと、

「孫子大家さん。そうはいっても司法書士や弁護士、元付の不動産屋や管理会社と知り合うきっかけなんてないよ！」

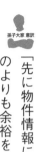

そう嘆かれることがあります。しかし、それは孫子大家も同じです。家業が大家でもなく出身地も違う上に一般サラリーマンですから、特別なルートなんてありません。

それでも思い込みをなくして、探してみてください。司法書士さんは毎回決済のときにいませんか？

弁護士さんは不動産を増やしていくと接する機会もあります。知り合いの大家さんは飲み友達がたまたま弁護士で、その方からの紹介で知り合って物件を購入していました。

元付の不動産屋や管理会社さんなんて、仲介営業をお願いしに行くとき思いっきり会っていますよね？　ただあなたが、「物件も紹介してください！」とお願いしていないだけではないでしょうか。

孫子大家はどんな出会いも大切にして、どんどんその人脈を広げています。

ちなみに私が一番案件を紹介してもらっている不動産屋さんは2名います。

そのうち1名はちょうど筋トレを始めたということだったのですが、どうも成果がかんばしくなく、そこで私が栄養摂取のタイミングや良いと思うトレーニングジムを紹介しました。そして私が買い過ぎたクエン酸を一袋差し上げたところ良き関係が築かれ、結果として非常に多くの物件をご紹介していただいています。

もう1名は、その不動産屋さんのミスで数百万円単位の損害に遭ったことがありました。怒っても仕方がないので、「損失を取り戻してくれるような案件をください！」とお願いしたところ、既にその何倍も儲けさせていただいています。

17

物件調査テクニック

孫子大家が月に1～2件の物件を購入していることから、専業大家だと思われている方も多いのですが、実は前述のように普通の会社員です。しかも不動産業とは全く縁もゆかりもない人材系の営業管理職です。

忙しく仕事に追われる毎日で、日中は物件調査に抜けるのが大変に難しい職務です。そんな私が得意とする物件調査のテクニックですが、これは至極単純です。

大型物件や再生系のボロ物件の状況確認を、大工さんにやってもらうことです。不動産に詳しくなったとはいえ所詮はシロートです。私が一所懸命に現地を見るよりも、いずれ修繕をお願いすることになる大工さんに調査してもらったほうが確実です。

それほどボロでもない物件や小型の物件は、写真の印象から判断し、キレイな状態なら一部屋当たり20万円、ボロからの再生ならば50万円という感じでどんぶり計算します。これで素早く物件の購入すべき価格を設定することができます。

これはいきなり実現できるやり方ではありませんが、いくつか物件を購入してリフォームをしていくことにより、職人さんとの関係作りもできるようになっていきます。こうした人脈は不動産投資を進める上で大きな武器となります。

18

営業マンにアドバイスを求めてはいけない

不動産会社の営業マンにアドバイスを求める……これをやっている人は非常に多い

と思います。懇意にしている不動産業者と密に情報交換をするケースもあります。

正確にいうと、本当に信用のできる営業マンにならアドバイスを求めてもいいのかもしれませんが、どうやって本当に信用できるのか決められるのでしょうか？

学生時代からの旧友が不動産屋をやっているなど、特殊な関係があるなら話は別ですが、普通に考えるとなかなか難しいと思います。

営業マンにアドバイスを求めてはいけない理由として、当然ながら彼らは不動産を売るのが仕事ですから、基本的には「○○の理由で買ったほうがいい」と勧めることでしょう。

物件選びの判断も「買えるか否か」になりがちです。

大切なのは、その物件を買えるかどうかではなく、まずは買うべき物件なのか？それとも見送る物件なのかの判断です。

そして、「買う価値がある！」と判断した後に、はじめて「買えるか否か」を考えます。多くの営業マンはそのプロセスをすっ飛ばして「買える物件だから買いましょう！」となりがちです。

アドバイスを求めるなら当然ですが、できるだけ利害関係のない人を選ぶようにしましょう！

第4章

らくらく! 手間をかけない管理運営術

19

不動産投資における運営力とは？

第4章では、サラリーマンでも取り組みやすい管理運営術をお伝えします。外注を駆使した低コストリフォームや空室対策テクニックも解説します。

まずは孫子の兵法を確認ください。

孫子の兵法 虚実篇

「相手の意図を見抜いて敵の利害、損得を知り、敵軍に揺さぶりをかけて、その行動基準をつかみ、敵軍の態勢を把握して、その強み弱み（生死を分ける土地）を明らかにして、敵軍と接触（小競り合い）してみて、優勢な部分とそうではない部分をつかむことが重要である」

孫子大家 意訳

「不動産投資のメリットは、ＯＰＭ(Other people money 他人のお金＝金融機関のお金)、ＯＰＴ（Other people time 他人の時間＝各プロへの外注）を仕えることです。

そこで、パートナーの意図を考えて、相手のメリットやデメリットを理解し、色々な提案をすることで相手の考え方を理解する必要があります。考え方や状態を理解して、相手に合わせて提案をして、そのフィードバックを検証することで、相手にもメリットのある提案ができるようになります」

投資家が失敗してしまう最もわかりやすい例とは何でしょうか？

それは「投資家＝金持ち＝偉い」という考え方をしてしまう人です。とりわけ多いのは管理会社や、工務店に対してこのような態度をとる人です。

確かに、彼らには管理料や作業報酬を払うわけですが、私たちが彼らから得る商品は既製品ではなく、サービスという無形のものです。

工務店であれば、買ってくる商品は有形ですが、どのようにして丁寧に取り付けるのか？　よりコストダウンしながら同じ目的を果たすのか？　というアイデアや施工は無形です。

もしもあなたが管理会社だったら、あるいは銀行員、工務店だとすれば、どんな大家さんと一緒に仕事をしたいですか？

そしてあなたは、大家である自分自身と仕事をしたいと願うでしょうか？

この質問に対して「厳しいところもあるけれど、信頼できる方なので、ぜひ仕事を継続したい」そう評価されるくらいの関係性を築くのが適切だと私は考えています。

20 関連業者から見て「最高の大家さん」になってはいけない

その際の注意点といえば、関連業者から見て「最高の大家さんです！」と答えられる大家さんになってはいけないということです。

「なぜ、いけないのか？」というのは、言葉の定義としての「最高の大家さん」の意味が問題なのですが、サービスの提供者が儲けるために「最高の大家さん（最高においしいカモ）になってはいけません」

ということなのです。

◉**工務店**

商品の値段を知らず定価を言っても気にしない。そのため、仕入れのときに安く仕入れても、定価のまま請求ができる大家さん。

◉**管理会社**

空室が長くなっても文句をいわず、クリーニング代や管理費、広告費も言い値で払ってくれる大家さん。

◉**金融機関**

金利交渉もせず、投資信託や保険、カードなども無条件で購入、及び加入してくれて、頭金も20%~30%を普通に入れてくれる大家さん。

◉**各契約時**

契約書を熟読せず、とりあえずサインをしてくれる大家さん。

これらは確かにある意味で最高の大家さんなのですが、サービスの提供者からは最高のカモとして扱われます。

当然にカモなわけなので、サービスの提供者が考えることは、いかに楽をして、いかにこの大家さんから収益を最大化させるか？　ということになってしまいます。

21

「事業者として認められる大家さん」になろう

対して、事業者として認められる本当の最高の大家さんとはどのようなタイプなのでしょうか？

これは、地域性やその人の人柄や、本当の最高の大家さんを行う為のストレスと収益のバランスの問題があります。そこまで収益を求めるよりも、仲良くやりたいという大家さんもいるので、さじ加減は人にもよりますが、大よその目安として、後述のラインをできる大家さんを基準と考えられます。

◉工務店

10万円くらいまでなら、うるさいことも言わずに工事を任せてくれるが、それ以上だと相見積もりを取ったり、部材を施主支給してくる大家さん。

当然に部材の値段や商品の値段を熟知しているので、あまり見積もりも上乗せすることができない適度な緊張感がある関係。

ただし支払いは、工事前や工事終了後すぐに払ってくれるし、大きな工事の前には差し入れを持ってきてくれる人使いの上手い大家さん。

基本的にはいつも同じところに頼むが、たまには相見積もりなどを入れることで、適度な緊張感が生まれ、徐々に価格を上げられることを防ぎます。

◉管理会社

空室が長くなったときは素直に管理会社の意見を取り入れ、家賃やその他の条件も適切に変更ができます。

また、自身もしくは便利屋さんを使って、適切に空気の入れ替えや掃除を行い、物件の商品価値を向上する意図があります。

管理会社の近くの駅の客付けは管理会社に任せますが、長期にわたって空室が続いた場合は、沿線の客付け店を自らの足を使って回り、口だけではなく実行して汗を流します。また客付けが決まった際は、お礼だけでなく菓子折りを持参したり、慰労会を企画してくれたり、感謝を行動に表してくれる大家さん。

◉金融機関

あまり金利交渉をせず、投資信託などもある程度買ってくれて、頭金も10％程度は普通に入れてくれます。金融機関のロジックをよく理解しており、そもそも持ち込む案件が大枠の融資条件にはまる大家さん。

または、頭金や金利は厳しい視点を持っているが、共同担保を入れたり、金融機関のノルマに影響する取引に寛容であったりと付き合うメリットがあり、他の投資家も紹介してくれるなど、金融機関として「取引を拡大していきたい！」と思わせられる大家さん。

ちなみに孫子大家は関東にある金融機関4行に、合計50人の投資家さんをご紹介してきました。知り合いの投資家さんにお願いをされて紹介を手配したのですが、ご本人が持ち込むときにパッと見ていまいちの案件は、私が買わないように助言していたこともあり、金融機関として「孫子大家さんからのご紹介は、審査～成約の確率が非常に高いです！」と喜んでいただけました。

その結果、狙ったわけでもないのに、金融機関から私の評価が非常に上がり、後述のようなメリットも得られました。

「急ぎで審査してほしい！」と私が依頼した案件が、担当者ベースですが3時間で審査ＯＫの返事が出て、不動産会社には担当者さんから電話をしていただき、物件を確保することができたのです。

私の居住地だと、本来であれば使えないはずの支店から、既にご紹介の実績が多いため「取引がある」というロジックで融資が受けられました。（都内店よりも融資の審査基準が大幅に緩い支店でした）。

◉各契約時

契約書の文言をよく読み、「もしも○○という事態が起こったらどうなるのだろうか？」という疑問を、しっかりと契約書に落とし込んで、大家業をプロとして考えて契約書を作れる大家さん（自分でできなければ、弁護士に依頼するのも検討に入れるべき）。

以下に具体的な契約書のチェックポイントについて記載します。

【自販機会社との契約】

1本販売する当たりの手数料をどうするのか、設置の際の設置一時金（工事代金の負担割合。数年ごとの交渉も含む）、毎月の電気代に対する支払いを決めます。

工事の際の電源増設（駐輪場の整備や街路灯の設置などを負担いただく）も確認しましょう。

注意点として、自販機の営業マンは、売り上げが微妙にマイナスとなるようなケースでもこちらに勧めてくることがあります。これは営業マンとしてのノルマがあるため、顧客である我々が売り上げと電気代のバランスから、本来であれば取り組まないほうが良いということがわかっていても、自分のノルマ達成のために無理をしてくるケースのときに考えられます。

こうした事態は、いくつかの自販機のベンダーに同時に見積もりを取ることで防げます。自販機の場合は立ち合いの必要もないので、孫子大家は大体4～5社には声をかけるようにしています。

【プロパン会社との契約】

プロパンを10年（この年数も交渉可能）契約する代わりに、設備などをプロパン会社に供給してもらうのですが、当然ながらプロパン会社も利益を出さなければいけないため、こちらから何も言わないと基本料金、立米あたりの料金を上げてきます。

契約書を結ぶ際には「将来に渡って決めた条件を、プロパン会社の都合で勝手に変更することはできない」という文言を入れるようにしてください。

当然ながら交渉の際には、入居者に直接負担となるこの金額について、物件があるエリアの平均価格を十分に調べてから交渉を行ってください（あまりに高くなると入居付けに影響が出てしまいます）。

ちなみにプロパン会社のサービスはかなり地域差があります。

簡単にいうと、関西ではプロパンを使ってもほとんどサービスは無いので、デメリットが勝つケースが多いのですが、これが関東になるとサービスと値段のバランスが良く、新築でもプロパンを組み込むことでプラスになるケースが多くあります。

過去に孫子大家が見た最悪の契約条件は、地震などで建物が崩壊した際は、大家の責任でもって付帯設備の給湯器を取り出して返すように、と求められているものがありました。このように無茶を言ってくる契約書もあるので注意してください。

別件である60世帯の大型物件を買おうとしたときに結局このポイントで見送ったのですが、その条項でこういうものもありました。プロパン会社から協力金として1500万円が売り主（プロパンガス会社と売り主）との間で締結されており、15年の契約に対して、2年が経った時点で私が購入検討者となりました。

例えば私があまりこの点を気にせずにこの物件を購入してしまった場合は、私は受け取っていない1500万円の現金に対しての債務を引き継ぐことになります。もしプロパン会社を変えると、1500÷15年×13年＝1300万円の返金義務があります。

そのためプロパン会社と現所有者の契約書もしっかりとチェックしてください。

何らかの設備がプロパン会社から供給されているのであれば、それは物件の設備として、次の買主に譲渡されるので問題ないですが、前述のケースでは現金なので、引き継がれないものに対して、返済の義務が発生するというケースでした。


【管理料契約・清掃会社・便利屋との契約および、注意点】

管理会社との契約においては、表面上の管理手数料を気にされる方も多いと思いますが、細かい内容まで気にされている方は意外と少ないです。それでは管理費以外で交渉すべき項目にはどのようなものがあるのでしょうか？

○管理会社ではなく、客付け会社が入居者を付けた場合の広告費の配分

管理会社が、プロ用の賃貸募集サイトに物件情報を上げて、客付け会社が入居者様を探してきた際は、広告費を分けるか、そのまま客付け会社が100%を取ります。

私はできるだけ客付け会社に取ってもらうようにしており、管理会社はあくまでも管理料で収益を稼いでもらうスタンスでお願いしています。理由はその方が客付け会社も本気になるからです。

○電球交換、水道検診代行、軽微補修などのメンテナンス料

会社によりますが、オーナーの修繕を認めていない会社もあります。表面上の理由は、安心できる物件を供給したいからと言われますが、実際は工務店からのキックバックを求めていることが非常に多いです。

工務店からのキックバックは10%～20%くらいと言われ、単純にその分の価格が大家さんに請求されてしまうことになり、割高の発注となります。

半面、私の知っているとても良心的な管理会社では、網戸の交換なども材料代のみで行ってくれる会社がありました（今は管理戸数が増えてやってくれなくなりましたが）。

○原状回復工事

前述のキックバックの問題があっても、水漏れや夏場のエアコン故障など、緊急時なら料金が多少高くても、管理会社から発注すべき時があります。

一方で、そこまで急がない原状回復工事は、絶対に管理会社からの発注が必須条件でなければ問題ないと思います。

繁忙期の場合はたとえ高くても、早く入居付けができる体制を作るほうが何倍も重要だったりしますので、ここはコストとリターンで冷静に判断ください。

○物件清掃

管理会社によっては自社が管理をする以上、掃除はその会社が発注することが必須という場合もあります。この場合だと10世帯で2万円と非常に高い料金を請求されるときもあります。これらはシルバー人材センターや、便利屋さんとの月単位で契約をすることで半分以下のコストになる場合もよくあります。

【契約時の団体交渉】

プロパン会社・管理会社・インターネット供給事業者等と交渉をしていくわけですが、当然ながら供給事業者側もビジネスですので、ただ「安くしてくれ！」と訴えても、なかなか交渉が通りません。

そこで私は、自分の友人の大家さんや、投資クラブのメンバーをまとめて数十人単位で交渉を行っています。

管理会社に対して、関東・関西の物件では、管理料は2％台で、客付け広告費は全て客付け会社、原状回復は全てこちらで選択できるなど、非常に大家側に有利な条件で管理を受けていただいています。

また、プロパン会社も同様で、単身タイプでも給湯器・エアコン・浴室乾燥機・浴室テレビなど、通常の条件ではなかなか実現できない内容の契約でサービスを提供していただいています。

ただし、私経由だけで数十人の大家さん、戸数では数百戸と契約できるため、サービスの提供側も、営業マンの人件費を考えると価値のある契約ができていることになります。

【入居者様との賃貸契約】

入居者様との契約ですが、これはエリア性が大きいと思うので、あくまでも後述の内容は関東圏をイメージしたものになります。

特徴としては短期違約条件を使うことで顧客選定をしています。

細かい条件は、その物件を何年で売るつもりかによって変えるべきですが、一般的に「中長期で入居者様に住んでいただきたい！」という前提があったとすると、せっかく高い広告費を払って、キレイに修繕したお部屋が短期で退去されてしまうと、不動産経営的には経費倒れになってしまいます。

そのため、短期の場合は違約金を設定します。

入居者様へ短期での居住に対する違約を設定することで、初めから短期で住むつもりの人であればこの時点で辞退します。そのため短期退去のリスクのある顧客をふるいにかけることができます。

この短期違約をもっと戦略的に使うと、契約に対してフリーレントを設定するという考え方があります。フリーレント1カ月などを設定して募集をかけると、当然ながら初期費用が下がるわけですから、入居者にとって契約しやすい物件になります。

短期違約という考え方では1年の短期ではなくて、2年後に更新料を払って契約を更新すると、違約金がかからないという内容で契約するわけです。

これにより、更新料を払う時期に来たとき、更新料を払わないと違約金が発生してしまうわけですから、更新してくれる可能性が高くなります。

また更新料を支払うと、せっかくお金を払った事実から、「もう少し住んでみよう」と考えてくれることもあり、長期入居につながる可能性を増やすことができます。

私の場合はこのフリーレントを2カ月にしたり、退去前予告を2カ月にしたりと細かい契約内容をしっかりと、大家側が有利になるように設定することで、中長期的に経営しやすい内容の契約書になるよう工夫をしています。

22 戦略的リフォーム術および、空室対策

リフォームや空室対策については、それぞれ専門書があるほどなので、本書においては細かい部分に言及することは避けますが、戦略的な部分だけ記載します。

これも前述の孫子の兵法「彼を知り己を知れば百戦殆うからず」がそのまま当てはまります。

つまり、あなたの物件に住む入居者様をイメージして、彼ら（彼女ら）の求めに合わせて物件を作ります。これはマーケティング用語でいうところのペルソナ設定を行うということです。

入居付けの王道ともいえる、ペルソナ設定をあえて無視して、マスに受ける物件を作ることもあれば、逆にあえて思いっきり母集団の少ないペルソナを設定することで、そのペルソナの人にだけ強烈に支持される物件を作るという戦術もあります。

これは主に都心部の物件に関して、売却をメインで物件への入居付けを行う場合に

使います。空室期間が多少は延びていても、高い家賃で入ってくれるお客さんを入居させるほうが売却上メリットが大きいときに検討してみてください。

エッジの立て方ですが、100人に30人が気に入る案件を作ってはいけません。100人に2~3人が値段を気にせず、「絶対にその部屋へ住みたい!」という部屋を作り募集をかけるくらいの冒険が必要になります。成功すると、通常よりも約20%高い家賃で入居者を付けることも可能です。

ただし、戸数が多いアパート・マンションの場合は非常に難しいため、最大でも10戸以下の物件で試す作戦といえるでしょう。

売却(出口)を絡めたリフォーム・空室対策の考え方の詳細は次の5章で説明いたします。

▼リフォーム前

▼リフォーム後

第5章

売って儲かる出口戦略

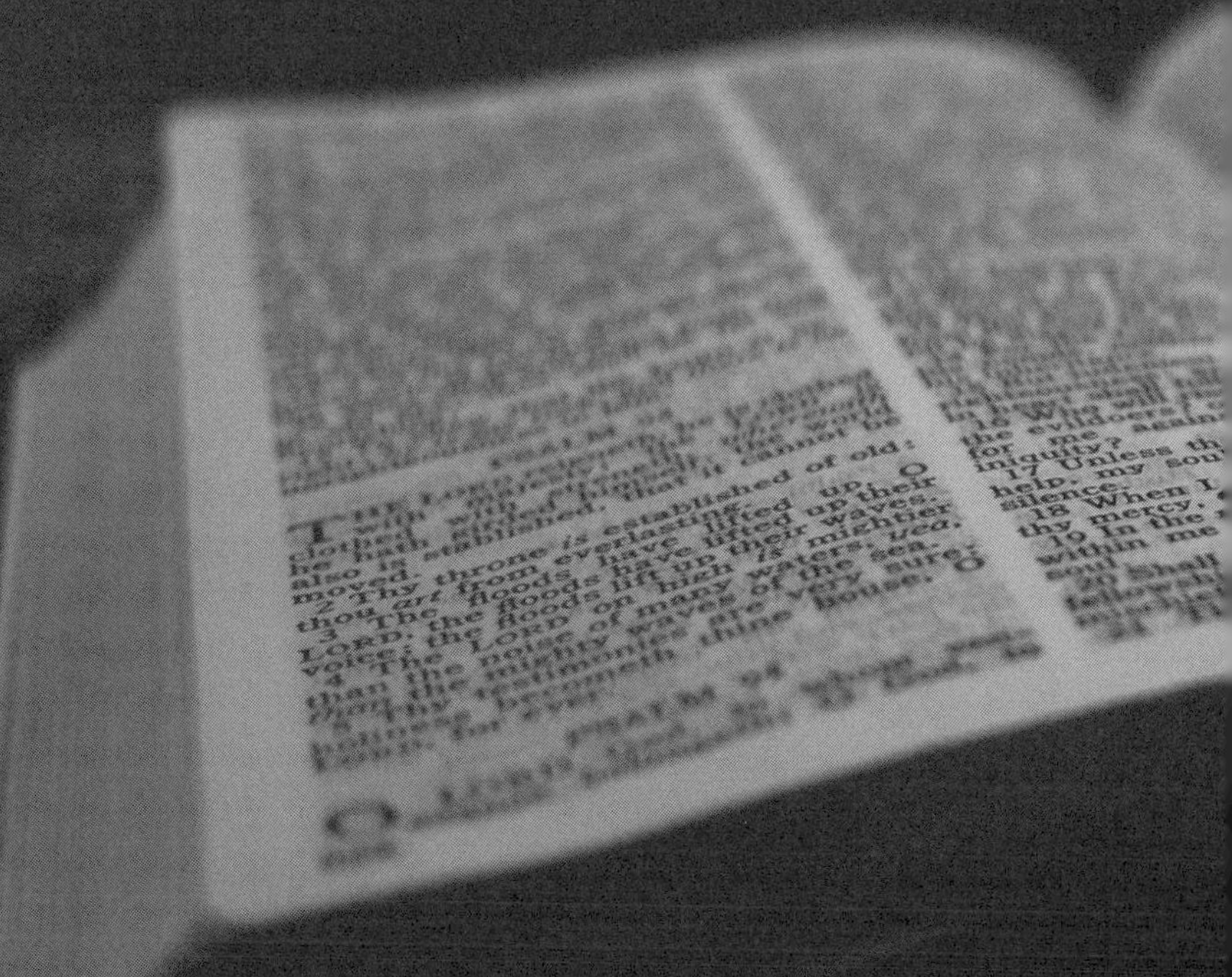

23

不動産投資は出口まで見据えるのが必須

不動産投資においては売却までを想定して、物件選定を行い、購入した後の運営を行うことが必須と考えます。出口がしっかり確保できるかどうかは、その投資をしてもいいのか、してはいけないのかの判断にもつながるのです。

第5章では売却についての戦略を解説したいと思います。

孫子の兵法
計篇

「戦う前に作戦を立て、机上で作戦を立てて、勝利を確信できるのは、机上の思索や勝算が相手よりも多いからである。戦う前に、机上で作戦立案して、勝ちを確信できないのは、勝算が少ないからである。

勝算が相手よりも多ければ、実戦でも勝利するし、勝算が相手よりも少なければ、実戦でも敗北する。もちろん勝算が一つもないという状態では、勝ち目はない。事前に適切な、戦況判断をするから事前に勝ち負けが見えてくるのだ」

孫子大家 意訳

「不動産投資では、キャッシュフローのみを重要視する人もいます。しかし孫子大家流の不動産投資では、キャッシュフローの累積と、売却時の損益のトータルを重要視します。

初めに、売却を見据えて投資をすることで、その物件を個人で買うか、法人で買うかが変わることもありますし、何年その物件を保持するのかを決めることで、融資付けやリフォームのレベルも変わります。

投資を始める前であれば、『その投資をやめる』という選択肢もあるので、事前にできるだけ多くのケースを想定し、売却までを見据えて投資判断を行うことで、その投資が勝つか負けるかを事前に判断することができるのです」

24

キャッシュフローを過信するな!

不動産投資本を読んでいると、特に2015年~2017年前半ごろに書かれた著作には、「とにかく融資を大きく引いて、キャッシュフローを大きくとろう！」という主張が多いと思います。

目標を何に置くのか？　また、その人の属性や資産背景によってはこの考え方は成功なのかもしれません。

しかしキャッシュフロー重視の考え方は、あくまでも一つの手法であり、「不動産投資という大きな投資カテゴリーの中の一科目としての考え方」と捉えていただければ、より本質的な投資ができると考えます。

キャッシュフローのみに注目して、とにかく大きな借金をしてフルローンで8％〜10％程度の投資をしていると、もしも金利が上昇してしまったときなど、すぐに手詰まりになる可能性があります。

ですから孫子大家としては「キャッシュフローを過信するな」といいたいのです。そして、常に売却を視野に入れて、キャッシュフローの累積と、売却時の損益のトータルで勝てるような投資であることを目指しています。

25

「フルローン」「オーバーローン」は難しい

孫子大家流の投資の最も重要な点は、その人の目標に合った投資手法をとることです。

現在、不動産投資は一般の方が大規模に参入するようになってから、まだ10年足らずの古いようで新しい分野です。

そのため、ようやく考えられる範囲での様々な手法が出尽くしたといった段階で、少しずつそれらのトライ&エラーが終わりつつある状況です。

様々な手法がある中で、人間の「楽をして良い思いをしたい」という欲求に、もっとも近い形で合致して受け入れられている投資手法が、会社員の属性を使って、できるだけ多くの融資を引いて、フルローン・オーバーローンで投資規模を拡大することだったのではないでしょうか？

しかし、金融庁の引き締めや、カボチャの馬車事件などの経緯を経て、金融機関の投資に対するスタンスが一層厳しくなる中、会社員の方が今までのように、フルローンで数億円を借りて投資する手法が通用しなくなっていきます。

「孫子大家さん！　過去には遡れないのですから、2年~3年前にフルローンで投資していたらよかったと言われても意味ないよ！」

そうお怒りの方もおられると思いますが、私の言いたいことは逆です。

「2015年~2018年前半に買えなくてよかったですね！」ということです。

もちろん、その時期に買われた方すべてが失敗ではありません。私もその時期にガンガン買っていますし、他にもその時期にいい物件を仕入れている方は大勢います。具体的にはその期間でも、利回りが12％以上などで、法定耐用年数が十分に回る物件を買っている方や、3年前に買って、すでに1年前に高値で売り逃げた方は大成功だと思います。

今、市場で起こっていることを冷静に分析すると、「サラリーマンに対する融資姿勢が厳しくなった」というのが正確です。

これが意味することは、これまで不動産仲介業者からのローンセットで、高値で購入してくれていたサラリーマン投資家が、マーケットから一気に激減してしまったということです。

つまり、2015年～2018年前半にフルローンで、利回り8%～9%で地方のRC物件を買ってしまっている投資家さんは、同じ値段では売れないという状況になってきています。

26

冷え込んだ融資状況は戦略を持つ人にとってチャンス

それでは現在の環境が、不動産投資家にとって厳しい事態の始まりなのでしょうか？

これに対する答えは人によって違ってくると思われますが、しっかりと戦略を持っている人にとっては、「むしろチャンスなのではないか？」というのが私の答えです。

融資状況が厳しくなったとはいえ、融資が全く出ないというわけではありません。

融資を引くためには、条件は金融機関によっても異なりますが、一般的には次のような条件を満たすと融資は引けるわけです（満たしていなくても可能性はあります）。

◉融資を受けるための条件

・不動産投資の経験（実績）があり、数年分の確定申告が提出できる。
・自己資金があり、頭金として10％〜20％を支払える。
・共同担保に入れる、無借金の不動産がある。

そして、今まで数年間は、ほとんど勉強していないサラリーマンが、その属性の力を使って融資を引いていたがため、地方のＲＣ物件が利回り８％〜９％で売買されていました。

これでは物件価格が高くなってしまい、厳しい目線の不動産投資家はなかなか物件が買えない状態が続いてきました。経験の長い投資家ほど、この状況が異常であることを逸早く察知し、静観していたのでないでしょうか？

私は「このような状況下は続かない」と認識していましたが、この先は自己資金を多く持たなくては、融資を引くことが難しくなるだろうと考えていました。

そのため、下げ相場になったときに（正に今のような状況）買えるようにするため、担保価値のある物件を格安で買ったり、全空築古物件の再生に取り組んだり、売却しても利益が出る新築を建てていました。その過程で適度に売却をして、相場が変わるタイミングを待っていたのです。

私と同じようなスタンスをとっていた投資家さんにすれば、今の下げ相場は正に待ちに待っていたタイミングではないでしょうか。

今までに貯めた現金や、共同担保として使える無借金の不動産を使って物件を買い進めていくには、ここから数年間が絶好のタイミングだと考えられます。

しかし、大家会などで話してみても、このような準備（戦略的撤退）をしていた方は極めて少数派です。

多数いる経験の長い大家さんは、アクティブに上げ相場では売り買いをせず、現金を保持して貯めていたのでしょう。

もともと投資歴の長い大家さんであれば、現金を貯めていただけでも残債が減っていき、既存物件の担保枠が生まれていたり、キャッシュフローが累積するはずです。

そういった大家さんはここから数年で、地縁のあるエリアで買い進めていく戦略をとられる方が多いと思われます。

27

時間をうまく使って中長期的な戦略を立てよう

それでは、このような準備をしていなかった方は静観するしかないのでしょうか？

私はそのようには考えません。

いつでも「できない理由」をいうことは簡単です。株や現物取引と違い、不動産はあくまでも1対1の取引なので、どんな事態でも儲かる物件を見つけることは可能なのです。

まだ戦える状態にないのであれば、今から適切な戦略・戦術をとり、戦うための準備をすればいいのです。

ここで、前述の金融機関が、資金を貸せる条件について再度確認しましょう。

◉融資を受けるための条件

・不動産投資の経験（実績）があり、数年分の確定申告が提出できる。

・自己資金があり、頭金として10％～20％を支払える。

・共同担保に入れる、無借金の不動産がある。

属性や手持ち現金、どれだけの時間を不動産に投下できるかによっても取るべき手段は変わるわけですが、まず一つに徹底的に安く物件を購入することが挙げられます。安く買うことで、保有してもキャッシュフローが出やすくなりますし、売却して転売益を稼ぎやすくなります。

具体的に例を挙げて、どのような投資を考えていくべきかを考えてみましょう。

◉関東近郊の某市に住むサラリーマンの例

35歳　妻子あり　年収600万円、自己資金500万円

年齢的にまだまだ余裕のある方ですが、夜間まで残業が多い仕事で、「45歳くらい

にはリタイアしたい！」というお考えの方だとしましょう。

スタンスにもよりますが一般的な投資で考えますと、大よそ1億円の借り入れに対して、経費や金利などを差し引いたキャッシュフローが300万円も出れば合格といわれるのが市場だとします。

すると、この方が現在の年収を担保するには、約2億円の借入れをする必要があります。

2億円の借入れをするためには、頭金として10％～20％、さらに諸経費で7％を考えて、平均して20％強ほど必要だと考えると、現金で4000万円～5000万円が必要になります。


この方が何歳でリタイアを目指すのか？　また、年間の年収の上昇率や可処分所得額によってもゴールは変わってきますが、10年で500万円の自己資金を10倍近くに増やす必要があります。

しかも、これは税金を払った後の金額なので、普通に考えるとなかなか難しい数字に思われます。

ここで時間軸をズラしてみましょう。

仮にこの方が40歳で現金を全て使って、1億円の物件を手に入れたと仮定します。減価償却費や固定資産税など、実際に買う物件により変動要素も大きいのですが、40歳でCF300万円が出る物件を買った場合は、そこからの5年間で300万円×5年で1500万円のキャッシュフローが累積しています。

また、5年間で残債が減った分も担保余力として見られますので、45歳のときには、5年間の1億円の物件の運営経験があり、現金で1500万円を手に入れることができて担保余力もある状態では、金融情勢のよほどの変化がなければおそらく融資を受けることが可能です。

つまり、40歳で1億円、キャッシュフロー300万円の物件が買えるということは、意味として45歳で2億円、キャッシュフロー600万円の物件が買えることに類似するということです。

それでは再度、時間軸をズラします。

年齢35歳、年収600万円、自己資金500万円のサラリーマンが、5年後の40歳のときに1億円の物件を買えれば目標を達成できるということでしたが、年収

600万円からは1円も貯金に回さないという設定です。

言い換えると、40歳で1億円の物件を買うためには、5年間で自己資金500万円を、2000～2500万円ほどに増やす必要があります。これは不可能でしょうか？

借入れなしで運用した場合は利回り20％で、運用したとしても5年で元金合わせて1000万円ですので、借入なしでは無理でしょう。

それでは、融資を引いて投資した場合はどうでしょうか？

一般的には高いといわれる、15％の利回り物件で想定してみましょう。

500万円を諸経費と頭金に使い、3000万円のアパートを購入。経費率15％空室率10％、金利1・5％で計算した場合はどうでしょうか？

［手残り税引き前利益］

3000万円×15％×（100％－15％）×（100％－10％）－金利45万円

＝3000万円×15％×85％×90％－金利45万円

＝229・5000－金利45万円≒185万円

売却時に同じ値段で売れたとすると、

185万円×5年＝925万円

買って売る手数料や税金で300万円を使ったとして、元金を含めると5年後の想定の手持ちの金額は、税金を考えなくても1200万円ほどと、目標値とは程遠くなってしまいました。

それでは、どうやれば500万円を数年で2000万円~2500万円にすることができるのでしょうか?

例えばこのような手法があります。

何らかの訳あり物件で、自分の知識・肉体的労働力・友人の力・固有の人脈などで解決することができる物件のうち、出口がはっきりと見えている物件を購入する。

それでは具体的に孫子大家が購入した例で見てみましょう。

●神奈川某市の戸建て、駅から徒歩5分

10年ほど前に自殺があり、また隣地と擁壁問題で揉めており、隣地からこちらの物件に対して、卒塔婆のような木の板に、赤字で様々な文句が書き殴られていました。

これに対して私のアプローチは怒れる隣人をなだめ、DIYのメンバーを集めて擁壁を補修し、400万円の売値に対して、150万円で買い付けを入れて修繕費込み

２１５万円で再生しました。
本物件の賃料相場は約７万２０００円ですので、利回りは40・18％となります。
事故物件告知義務は10年前なので微妙なところですが、投資物件として売却する場合は、告知したとしても20％なら速攻で売れるでしょうから、仮に即転売しても２００万円以上の利益が見込める物件となりました。
この物件の詳細は、孫子大家のブログ『孫子大家の不動産投資術』（https://sonshiohya.com/）に詳しく記載がありますので、興味があればご覧ください。

●名古屋某駅、徒歩20分　全世帯空室の再建築不可アパート

こちらは値段８００万円で出ていた物件ですが非常にボロボロで、再生するのに普通の工務店へ発注すると、１０００万円近い見積もりが出ていました。

そこで孫子大家は、分離発注や工事自体を職人の空いているタイ

ミングに任せるなどの柔軟性を持たせませました。

また、ワンルームの再生では各部屋に水回りが必要になるため、あえて部屋を潰してファミリータイプの間取りに変更することで、施工費を430万円まで値引きに成功しました。

同時に売り主さんに対しては、まともな施工でかかる費用を伝えて、800万円の物件を270万円で売却していただくことに納得していただきました。その結果、厳しめの家賃で見て、4万4000円×4室×12カ月＝211万2000円　購入費用

は物件価格270万円＋修繕費430万円＝700万円、利回りは30・17％となります。

こちらも再建築不可とはいえ、名古屋市内にある物件ゆえ、15％くらいであれば売却可能です。約2倍の金額以上で売却することが可能だと考えられます。

実は執筆中、この物件に対して爬虫類の店舗から1棟借り上げの話をいただき、が家賃20万円で成立しました。20万円×12カ月＝240万円となり、利回り34・28％という結果となりました。

このようにして積極的に難しい取り組みが必要な物件に関わり、その問題を解決することで、賃料だけではなく、売却を絡めると投資資金を2倍にすることは難しい話ではないのです。

この話の考え方を使えれば現金500万円を、5年間で2000万円〜2500万円にするのは不可能ではないとご理解していただけると思います。

もちろん、これら2例のような投資は経験と人脈などが必要になり、中途半端な知識で行ってしまうと、逆に大きな損をする可能性もあります。慎重に取り組んでいただければと思います。

28

この3年で利回り10％以下の地方RC物件を購入された方へ

２０１５年～２０１８年前半の融資がまだ出るときに、利回り10％以下の地方大型ＲＣなどを購入してしまった方々に対してお伝えしたいことがあります。

前ページまでの私の文章では、買ってしまったことを否定的に書いており、とても不快な気分になったのではと想像します。まずは、その点をお詫びします。

これらの物件を買うために一所懸命努力をされ、家族を説得されて購入されたこと、それ自体は尊敬に値することです。

しかし、入居率の低下や、金利上昇を考えると、リスクについてもご理解いただけたかと思います。

そのリスクを踏まえた上で投資を考えてみたとき、果たしてあなたの投資は失敗だったのでしょうか？

実は、そうとも言い切れないのが不動産投資の面白いところです。

７章でもお話ししますが、偉そうに言っている私、孫子大家もそれと同じか、もっと酷い物件を買ってからスタートしています（涙）。

具体的な高値相場で買ってしまった物件のリカバー方法において、損切りして売るのも一つの考え方ですが、売らないで持ち続ける考え方もあります。

買った値段・空室率・金利にもよりますが、おそらくキャッシュフローを重視して購入されたと思われます。

デッドクロスが来るまでの数年間は、ある程度のキャッシュフローを生むことができるでしょう。ご存じない方のためにデッドクロスを解説しておきます。

デッドクロスとは、減価償却額がローンの元金返済額を上回る状態のことです。減価償却費とは建物や建物設備を購入時に一括して経費計上するのではなく、利用できる期間に振り分けて、年毎に経費計上するものを指します。

また、本当に酷い業者に騙され買わされてしまったケースで、キャッシュフローすらほとんど出ないケースも考えられますが、それだけ大型物件を買えたのであれば、最悪キャッシュフローがほとんど出なかったとしても、そもそもの年収が高い属性でしょうから、その年収を貯めて現金を作ることは可能だと思います。

元利均等返済のデッドクロスのイメージ

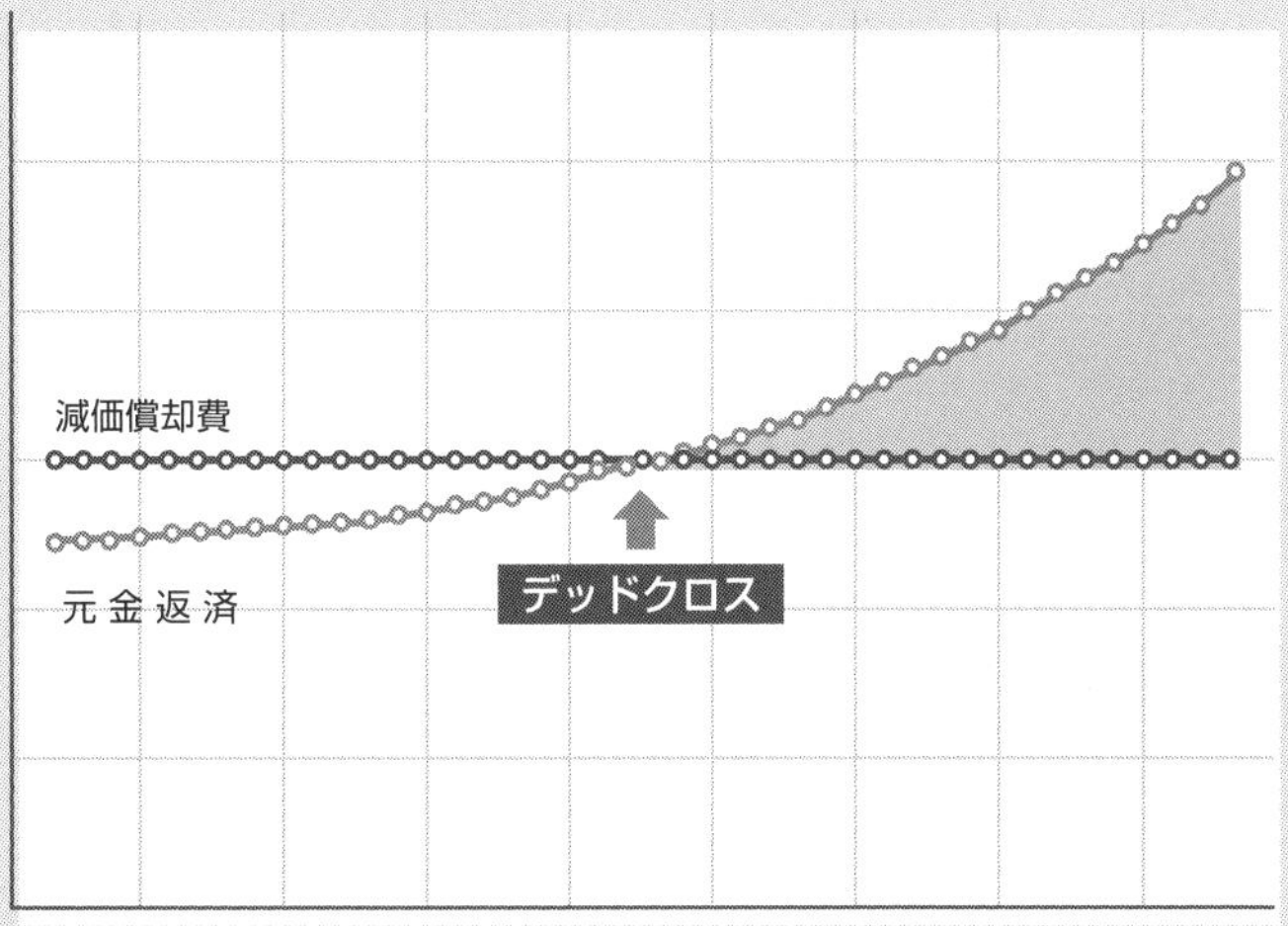

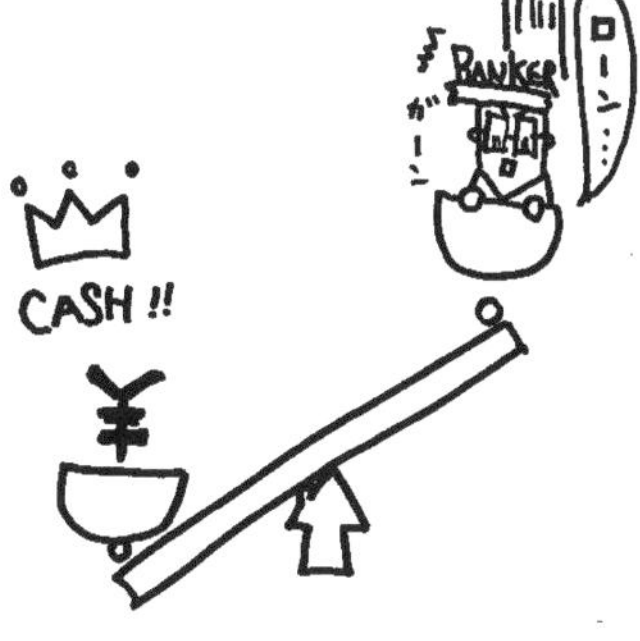

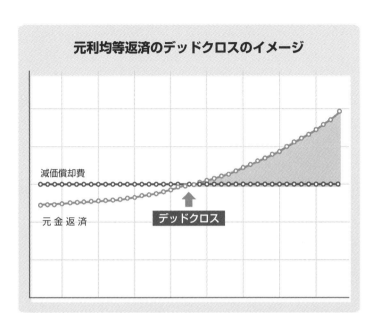

29

S銀行4・5%で購入した物件のリカバープラン

仮に2億円の物件で、税引き後にキャッシュフローが1%の200万円しか出ない物件を買ってしまったと考えてみましょう。

この場合はまずエクセルシートを使って、減価償却がどのタイミングで切れて、賃料の低下率を1～3%（エリアによる）くらいで設定して、デットクロスがいつ来るのかを計算します。

このデッドクロスが来るまでの期間に、生まれてくるキャッシュフローやサラリーマンの収入から、不動産投資に回せる資金をうまく使って、この物件単体ではなく、投資全体のキャッシュフローを0以上にもっていくことができれば、ひとまず自己破産など最悪の事態だけは防げます。

また、この状態でも物件の残債は減っていくので、市場の融資状況を見て、買値に近い価格で売れるタイミングを探るための時間を作ることも可能になります。

具体的には以下のような計算ができます。

借入れ2億円、表面利回り9％、築22年RC造、35年ローン、金利4・5％
建物価格1億5000万円、年間償却600万円、空室10％、諸経費15％

ちょうどキャッシュフローが200万円ほどになります。

この200万円を、本業が忙しくあまり手間をかけたくないという想定の下、再生済みの築古戸建ての現金買いに投資してみたと仮定すると、大よそ利回りで13％なら無理なく購入することが可能です。

200万円の戸建てを買えば年間26万円の家賃収入が期待でき、管理費など引いて約20万円が残るでしょう。

これを2年間ほど行ったとすると、400万円の投資を行い、無借金の400万円分の戸建てが手に残り、キャッシュフローは240万円ほどになると想定されます。

併せて金利交渉を行います。初めての借入れを行ってから1年～2年経つと、金融機関は金利引き下げに応じてくれることが多いです。

この状況で金利を1％下げてもらえたとすると、キャッシュフローは一気に340万円まで改善します（金利が下がると元本返済が増えるため、税金を考えると、そのままキャッシュフローが改善するわけではありません）。

そこから2年、今度は給与収入からも100万円を補てんして、1年で400万円分の築古戸建てを買ったと想定しましょう。

3年目でキャッシュフローは380万円になります（1棟より300万円、戸建てより80万円）。

この時点で戸建てからのキャッシュフローは累計140万円ありますので、翌年は160万円を自分で投資して3棟を買ったと仮定しますと、4年目でキャッシュフローは440万円（1棟より300万円、戸建7戸より140万円）となります。

ここまでくれば、無借金の戸建てが7戸もあるので、それらを担保に入れて借換えの可能性も出てきますが、違約金もかかることですから再度金利交渉を行い、金利を2・7％まで下げてもらったと仮定しましょう。

そのときの1棟物件からのキャッシュフローは、家賃下落を加味して約350万円になります。

4年目は少しペースを落として、戸建て2棟の購入として40万円の貯金をしたとすると、5年目でキャッシュフローは530万円（1棟より350万円、戸建て9戸より180万円）になります。

いよいよ、某銀行の5年縛りもなくなります（5年以内の借換えではペナルティとして、残債の2％の違約金が生じます）。

また、無借金の戸建てが9戸も担保に入れることができるとなれば、その物件を持っている地方銀行への借換えは、かなり現実的ではないでしょうか？

地方銀行への借換えが成功したとして、金利1・5％で考えてみましょう。

1棟物件からのキャッシュフローは一気に450万円まで改善します。

戸建てからのキャッシュフローと合わせて戸建て（小さなアパートでも可）を3戸買ったとすれば、6年目でキャッシュフローは690万円（1棟450万円、戸建て12戸より240万円）になります。

ここまでくると雪だるまを作っているようなものです、どんどんラクになりますね。

実際には、一般的な12～13％の戸建てを買うだけではなく、ボロボロを自分で再生して売却するなどを混ぜることで、もっとスピーディーに状況を改善することも可能です。

リカバリープラン

関東近郊の某市に住むサラリーマンの例

35歳、妻子あり、年収600万円、自己資金500万円

前提　1億の物件で地方ＲＣか重量鉄骨で、
ＣＦ300万円でるものを取得できるとする

考え　夜間まで残業が多い仕事で、
「45歳くらいにはリタイアしたい！」

↓

目標達成のためには40歳で1億ＣＦ300万円の物件を買えばいい
5年たつと累積ＣＦが1,500万円、残債も減っているので
再度1億ＣＦ300万円の物件を買えばゴール達成

↓

① 高利回りアパートを購入5年間運用してから売却
更に、奥さんのパート+自分の貯金+節約で貯金を殖やす

② 修繕後に超高利回りになる激フル物件を根性と熱意と
愛情で再生、買値の2倍以上の値段で売却！
もしくは累積ＣＦに加え、その物件自体を担保に入れる
ことで、1億円の物件を購入！

このように不動産投資は、たとえ第一歩が失敗しても、しっかりとした戦略プランがあればリカバーは可能です。

1棟目で少し良くない物件を買ってしまった方も、実際にご自身の状態をエクセルシートなどでしっかりと計算して、数字化して改善プランを立てていきましょう。

現実から目を背けていては何も始まりませんが、これらを具体化することで、アドバイスをしてくれる人も出てくるでしょうし、同じ本を読んでも学べる深さに違いが出ます。

是非この本を読んだ後に、今までお買いになった不動産本を読み返してみてください。私も本は買ってすぐ、1カ月後、1年後と3回くらい読み返すことが多いです。自分が成長していけば、読み手の本当に書きたかったことが新たに理解できたりするなど、きっと新たな発見があるはずです。

アパート・マンションからのCFを使って収益を最大化させる方法

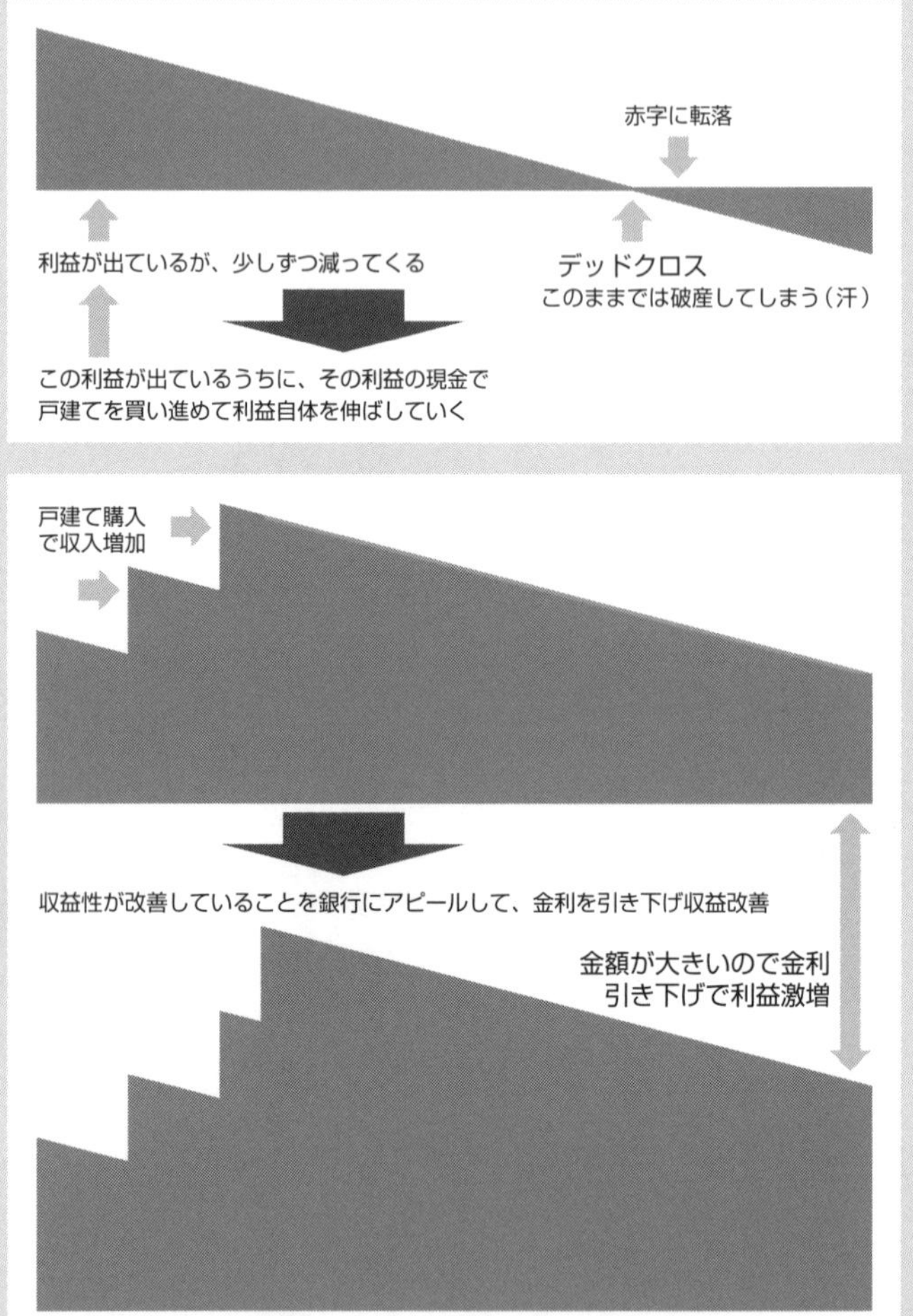

30

高値売却の基本は「金融機関」を制すること

ここまでは投資全体の考え方を見てきましたが、売却について具体的なノウハウをお伝えします。売却がわかれば、後述の不動産投資における一連の流れが完了します。

不動産投資は**「仕入れ→運営→売却」が肝心**です。

多くの投資家の方が、「少しでも安く仕入れたい！」「高利回りで運用したい！」と望まれていることでしょう。

つまり、自分が売却する立場に立ったとき、こちらは少しでも「高く売りたい！」と考えているのに対し、購入希望者は少しでも「安く買いたい！」と考えているわけです。今まで鬼の指値を入れてきた私達に、今度は鬼の指値が飛んでくるのです（笑）。

さて、この二律背反の問題をどうやって解決すればいいのでしょうか？

答えは簡単です。

物件に適正価格を付けて、不必要な指値になる理由を無くせばいいのです。また、この際に購入希望者は、孫子大家のようなプロ大家ではなく、一般的な大家さんを狙っていくのがポイントです。

大家の会などに参加するとわかるのですが、非常に癖のある物件や、再生において再生費用が読み切れないリスクの高い物件に対して、資金や経験があって十分に対応できる大家さんもいますが、大多数のサラリーマン大家さんは、時間もそこまでかけられないし、「満室の物件でなければ怖い！」という方たちです。

これらの方が重要視するポイントは、融資が大きく引けて、キャッシュフローが回るかどうかです。この観点に合う物件を作ることができれば、物件購入の時点でほぼ利益が確定する投資ができるわけです。

具体的には、サラリーマン大家さんが買う金融機関の融資状況に合った物件になるように物件を再生していければいいのですが、あくまでも、ここからの記載は２０１８年後半の状況を予測して記載しますので、この本を読まれるタイミングにより変動があることはご理解ください。

31

【パターン1】主に地方で購入者が都銀、地方銀行などの金融機関を使うケース

これらのケースの場合は、とにかく物件が法定耐用年数以内で融資が組めるかどうかが重要です。規模や立地にもよりますが、金融機関によっては年数について、このような考え方をします。

〈ア〉法定耐用年数－経過年数＝融資年数
〈イ〉銀行基準（RCで40年など）－経過年数＝融資年数
〈ウ〉①もしくは②＋銀行指定の検査員検査後の年数緩和＝融資年数

どのパターンにはまるかは物件をお持ちのエリアにより異なるので、先輩大家さんや仲のいい不動産業者、大家の会などで積極的に情報をとっていく必要があります。

このパターンで物件を買う方はキャッシュフローを気にするので、表面利回りよりも、そちらを優先して検討する必要があります。

もちろん売却時も立地条件や築年数によりますが、1億円に対して空室率10％、運営経費15％くらいで考えて、キャッシュフロー200万円ほど出れば検討してくれる人が出てきます。

実際の運営経費は立地によって全く異なります。購入時はシビアに考える癖をつけないと、地方のＲＣ物件では経費15％で計算していたものが、30％もかかるケースがあります。

物件の個別性が極めて高いので、必ず自分で計算する癖をつけてください。

このパターン1の場合は、キャッシュフローが売却価格に大きく影響します。運営において重要視するポイントは以下になります。

◉個別リフォームや外観リフォームなど、コストをかけても家賃にこだわる

ここでの考え方は、賃料×12カ月×戸数を最大化します。

地方ではキレイにリフォームをしても家賃があまり伸びないことも多いですし、転売時の購入者側の希望利回りが高くなるため、リフォーム費用と家賃アップ×売却価格アップの比率をよく考える必要があります。

また、戸数が多い場合は特定の部屋の家賃が低いと、「全ての部屋がその家賃まで

下落する！」と判断して、低い部屋の家賃を基準に価格を決めている大家さんも出てきます。そのため更新や、何か故障が出たタイミングで、グレードアップ工事や更新費無料などの交渉材料を使い、家賃が低い部屋をなくし、平均家賃をそろえることも重要です。

32

【パターン2】購入者が信金・信組、不動産に積極的な地方銀行を使うケース

こちらのパターンは、①は購入者がその物件のあるエリアに何らかの地縁を持っている可能性が高いです。

②はそういったわけではありません。

また①②ともに、金融機関が法定耐用年数をあまり気にしないことが多く、入居率や安定性を重視します。

①信金・信組の場合

エリアによって本当に姿勢は千差万別ですが、法定耐用年数切れの木造でも、20年くらいの融資を出してくれることもあります。物件の購入時に、自分がエリア的に融資を受けるのが難しくても、地元の人であれば融資が受けられるであろうと考え、物件の近くの信金や信組の融資年数に対する考え方をヒアリングすることが重要です。

②融資に積極的な地方銀行を使って購入する場合

それらの銀行の多くは積算評価を重要視します。その代わり、融資年数は法定耐用年数＋20～30年と非常に長いため、利回りよりも積算重視の物件がはまります。

つまり、1Rや1Kタイプよりも、駐車場付きファミリータイプのような土地が広い物件を仕入れていくのが、この購買層に対する対応策となります。

このパターン2の購買層ですが、実は①②で大きく異なります。

①は、地元の地主や富裕層が多く、頭金を多く積んでもそのエリアの中の駅近や、商業施設の近くなどを求めるケースが多くなります。

②は、年収600万円～900万円くらいのサラリーマン大家さんが中心になりま

す。

この層は、サラリーマンを早く辞めることが投資の目的になっている人が多く、とにかくキャッシュフローを重視して物件を買う方が多いです。

そのため、急いで規模を拡大するためにも、できるだけフルローン、できるだけ長期融資を引くことを重要視されています。

つまり、金融機関がしっかりと融資をしてくれれば、それだけで購入してくれるケースが多いのです。

その点を理解して、そのエリアの金融機関の積算に対する融資掛け目を把握して賃料調整をしていくと、適正な売却価格に物件を仕上げることが可能になります。

なお積算評価をする金融機関が、対象の②の顧客をターゲットとする物件で、過度なリフォームをして利回りを上げても、あまり売却価格には反映しないということです。

33

【パターン3】購入者がノンバンクや現金を使って築古や再建築不可を購入するケース

こちらのパターンは、購入者が思いっきりプロで目線の厳しい人か、目線が非常に緩いお金を持った地主さんか、属性で融資を引くサラリーマン投資家の全てが考えられます。

購買層として期待すべきは地主さん、もしくはサラリーマン投資家でしょう。

地主さんの場合は、とにかく立地を重要視する傾向が高く、また「自分の家から近くて掃除に行きやすい！」などが購買理由になったりします。そのため、狙って地主さんに売るという作戦は難しいでしょう。

ただし、目線の緩い地主さんをターゲットとする場合の最低条件は、基本的な修繕が終わり、満室で手間がかからないということになります。

この条件を満たすように上手く再生して「レインズ放置作戦」などで買ってくれればラッキーですし、そのまま保持していても「賃料収入でおいしい！」という状態で物件を作り、気長に待つというスタンスがはまると思います。

レインズ放置作戦とは、サラリーマン向けなどに物件を売るのに長けた不動産業者が買い付けを入れてくるか、入れてこないかギリギリの値段でレインズに出して、「売れるのをじっくりと待つ!」という作戦です。


売却の時期を狙うことは難しいですが、上手くいくとかなり高値で売却可能なのがこのパターンの特徴です。

ノンバンクを使って購入するサラリーマン大家さんを売却のターゲットにする際は規模にもよりますが、最も有名な某ノンバンクの金利3・9%が基準です。5000万円以上ですと金利2・9%になります。

大よそ、こちらに当てはまる物件は再建築不可が多くなると思いますが、表面利回り－金利＝10%〜12%が購入者側の目線になると考えられます。売却想定として求められる利回りは、12・9%〜15・9%くらいでしょうか?

一般的に、このレベルで流通する物件は表に出にくいのですが、再生案件の場合はプロ大家であれば、最低でも20%で成立させる目線です。

私の例のように30%〜50%という数字も不可能な数字ではないため、そういったレベルで物件再生をできる方なら、この層をターゲットとしても、仕入れに対して2倍以上の利益を上げることが可能です。

34

【パターン4】大都市圏で購入者が、都銀や地方銀行などの金融機関を使うケース

こちらのパターンは購入者の属性が高く、医師やエリートサラリーマンが考えられます。もちろん、こういった高属性の方でも非常に不動産を勉強され、目線が厳しい方もいます。

しかし、私の経験上で言えるのは、これらの社会上の成功者は、日頃から車や服など高級品を購入することに慣れており、そのお客さん意識が不動産を買うときも抜け切れていないのです。

そのため、コスト意識の高い、小さなオフィスで経費を無駄にかけず、お客さんに対して誠実にやっている不動産業者や、厳しいことも言う業者を毛嫌いしてしまう

ケースが多く見られます。

そういった高属性の方は特別扱いに弱いため、『年収2000万円以上の方のみ無料特別セミナー』『都市銀行の融資付き、楽々満室マンション経営』といった無料セミナーで、キレイなオフィスにキレイなお姉さん、若くてスマートな営業マンから接待営業を受けると、ベテラン大家なら見向きもしないような物件を買ってしまうケースが多いのです。


社会的に考えれば、成功者の非常に優秀なこの層ですが、

「何故このセミナーは無料なのだろうか?」

「素晴らしいオフィスで丁寧な接待をしてくれるけれど、このコストは誰が払うのか?」

という疑問を持たず、融資付けのされたラクに買える物件を購入していきます。

この層に物件を購入してもらえれば彼らは金利が安く調達できるため、パターン1の層に売るよりも高く購入してもらえる可能性が出てきます。

また関東圏であれば、ある金融機関は非常に長い融資を出すため、築20年のRCマンションでも表面利回り6%程度で売却できることもあり、築古の物件を買って表層

リフォームを行い、オートロックを数百万円かけて工事をするだけで、購入価格の130%~150%ほどで売却された大家さんもおられます。

この層へ売却するためには、あえてそういったセミナーに足を運んだり、大家会などで同様の物件を購入している方に話を聞いて、その業者さんを直接紹介してもらい、売却の依頼をすることも有効です。

35

不動産の売却における注意点

本章では、売却について解説していますが、プロの不動産業者と同じ土俵で、我々大家が売却を狙って行うのは経験値の点で不利です。

いくら勉強したといっても、毎日不動産業に携わる海千山千の業者と同じフィールドで戦うのは、やはり不利な勝負だからです。

それでは何故、私は売却でも不動産業者より利益を出せるのでしょうか？

幸運なことに不動産業者と我々大家は、同じようで異なったフィールドで戦っているから……これが答えです。

プロの不動産業者は、「物件を安く仕入れて売る！」という、その短期的な差益で儲ける必要があります。そのために金利は高いですし、1年以内に売買を成立させなければいけない厳しいフィールドで戦っているのです。

それに対して我々不動産投資家は、融資を長く引くことができますし、当然ながら物件を売らずに持ち続けてもいいわけです。

成功している不動産投資家の方がよく言われる、「物件を売ってもいいし、持ち続けてもいい」という状態を維持することができれば、不動産業者が手を出しにくかったり、手を出すにしても、我々よりもっと安く買わなければリスクと合わない物件でも我々は購入できるのです。

つまり不動産業者と、十分に勉強を重ねたプロ投資家では、戦場は同じでも相当にハンデキャップのある勝負ができるため、プロ投資家のほうが利益を上げやすいことも多いのです。

ただし、不動産投資家はあくまでも投資家で、売買を生業としていないため、それを反復継続して行うと宅建業法に抵触する可能性があります。その点は十分に注意してください。

とりわけ公庫の融資において、過去に2～3回の売却経験があると、それだけで数年間は融資を受けることができなくなる恐れがあります。仕入れの際から十分に注意して、不動産投資運営の事業を進めることが重要です。

第6章

その先を目指す、戦略的不動産投資

36

そもそも、その戦略はあなたに合っているのか？

本章では、融資を受けて物件を買い増すことのできるステージに進むための戦略・戦術について説明いたします。

孫子の兵法
九地篇

「戦上手は、たとえて言うなら卒然（ヘビ）のようなものだ。その頭を撃つと尾で反撃してくるし、尾を撃つと頭で反撃してくるし、その真ん中を撃つと頭と尾の両方で反撃してくる」

孫子大家 意訳

「投資上手は、とにかく柔軟な人です。市場環境やエリア適正、自分や仲間の個性をよく考え、最もリスクとリターンの割合が最良の選択を選ぶべきです」

不動産投資で本当に危険なのは、たまたま出会った本、たまたま出合った先輩投資家の話を聞いて、その人の成功した方法のみを信じて猛進することです。

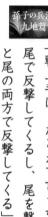

同じ投資物件でも○○さんにはお勧めできる物件で、△△さんには全くお勧めできない物件というケースはよくあります。

また、先輩投資家や本から勉強することもせず、いきなり物件を買っているような人もいます。これは、さらに危険な行為です。

そもそも、その投資家の資産背景・年齢・年収・合計の積算・DIYを行うか否か？あるいは自分の住んでいる場所・作業にかけられる時間・コミュニケーション能力・目指すゴールによっても、お勧めの物件は変わるはずです。万人に最適な物件など、そうそうありません。

それではどうすればいいのでしょうか？

それは、完全に信頼できるメンターへお金を払って依頼か（無料で他人に何かをしてくれる人はいません。そのような人は裏で多額のキックバックをもらっているなど非常に危ない投資をすることになる可能性が大きい）、もしくは、小さく始めながら勉強を継続し続けるのが王道でしょう。

また「本を読んで勉強したら大丈夫！」という人もいますが、そういう方は、たかだか10冊くらい読んだだけで勉強したと思わないように注意してください。

私は読み返しを含めると、今でも月に5冊以上は最低でも不動産関連の本を購入して読んでいます。アドバイザーを得ずに投資を始める前には、最低でも100冊以上を読むのが解決策として考えられます。

ちなみに孫子大家の場合はもともと読書好きなので、大きな投資をするまでの2年間は本屋に売っていた不動産の本を片っ端から買い求め、最低でも2回は読んでいました。それでも1棟目では壮絶な失敗をしていますが……（涙）。

そんな孫子大家は情報の大切さを痛感しているため、現在でも歩いているときや、電車、入浴中など全く本を読まない日はありません。また、音楽プレイヤーを使って有名大家さんの対談なども聴いています。

さらに、不動産以外の心理学・交渉術・税務・法律に関する本も幅広く読むことで知見が広がり、全く異なったアプローチが可能になりますから、多読は本当にお勧めいたします。

どうしても本が嫌いな方もいると思いますが、本を読まないと絶対ダメとも言い切れません。

私の尊敬する大家さんの一人は本当に本が嫌いで、これまでに本を読み切ったことがないそうです（きっとこの本は読み切ってくれるとは思うのですが……）。本は読みませんが、週末におしゃれなカフェへ出かけてデザインを勉強しているそうです。

また不動産は、たった1回の失敗でも数百万円の損失を及ぼすことがあるため、1日で5万円や10万円もする有料セミナーに参加して多くのことを学びました。

こういったセミナーでは学ぶだけでなく、ぜひ講師の方や、一緒に受けている不動産投資家さんと名刺交換をしたり、ご飯を食べに行ったりして情報交換を図ってください。

同じような悩みを抱えていたり、自分の悩んでいることが、既に相手の方が経験済みだったりするので、すぐに問題を解決できることもあります。

37 情報収集に最適なセミナーの選び方

なお、今は有料セミナーだけでなく、無料セミナーも多くあります。無料セミナーにも学ぶことはできますし、大家さんの友達も増えるので「決して行ってはダメだ！」ということはありませんが、有料のセミナーでしかシェアされない、簡単に数百万円の利益を得る方法や、損失を防ぐ方法もあります。

ある程度まで規模が大きくなった大家さんは、ご自分と波長の合いそうで、かつ高額すぎない有料セミナーに1度行ってみることをお勧めします。

参加費が３０００円レベルは有料セミナーという括りではなく、何かの商品宣伝のケースが多いため、少なくても3万円~5万円以上のイメージで、参加者の満足度が高いセミナーを、大家会などで先輩大家さんからに紹介してもらうとよいでしょう。

私の経験ではセミナーをきっかけに、講師の方と家族ぐるみで交流を持つようになってアドバイスを受けたこともありますし、たまたま同席したセミナーの参加者とお茶をして仲良くなり、バルクの不動産を一緒に購入することで、強気な価格交渉が行え、お互いに安く買えたこともあります。

また、大家さん同士の横のつながりが増えると、工務店をシェアできたり、物件清掃の方をシェアできたりと金銭に変えられないプラスアルファがあります。

逆に工務店や清掃人の方からも、「お客さんを紹介してくれた！」と喜んでもらえるため、常に勉強を続け、人脈を増やすことをお勧めいたします。

38

戦略的不動産投資（戦略∨戦術∨戦闘）

不動産投資でも戦争でも、サラリーマンとしての仕事でも、「戦略は戦術よりも重要」で「戦術は戦闘よりも重要」です。

この観点を間違うと不動産投資においては、単体としては悪くないけれど、長期的な成長を考えた場合は、買うべきではない物件を買ってしまうことがあります。

逆に、単体としては及第点ですが、融資戦略を考えると買うべき物件をスルーしてしまうこともあります。

それでも戦略的に正しく行っていれば、例えば工事が多少遅れて経費が増加したり、突発的な事故で修繕費が増加しても「まぁ仕方ないか」と鷹揚（おうよう）に構えられて、ストレスを抑えてかつ、あくせくせずに大きな利益を追求することが可能です。

繰り返しますが、不動産はその人の様々な条件により買うべき物件や、やるべきこと、やらないことが変わります。

全ての人に合った成功例を共有するのは難しいため、ここでは代表的な戦略的失敗と、本当はどのようにするべきであったかを事例として紹介します。皆様が戦略的な失敗をしないためのヒントにしていただければと思います。

◉45歳サラリーマンの例（本来）

3人家族　年収800万円　現預金1500万円　不動産無し

目標キャッシュフロー800万円

実際にコンサル指導をお願いされたケースですが、この方は本当は融資をしっかり引いていくことができる属性の方です。奥さんも不動産投資に対して前向きで、目標キャッシュフローも現実的な、いわゆる普通にやれば余裕で勝てる方でした。

しかしながら、前述のステータスであったにもかかわらず、私のところに相談に来られたときには、次のような状況となっていました。

◉45歳サラリーマンの例（現状）

年収800万円　現預金200万円　不動産300万円～500万円
計3戸を現金買い　平均表面利回り15％　キャッシュフロー180万円弱
目標キャッシュフロー800万円

投資をする以前に比べると現金が減っていますね。問題点ははじめの物件を連続で現金で買ってしまっているということです。

この状態がなぜいけないのかといえば、投資スピードの問題があるからです。

買っている物件は平均利回り15％なので個別に見れば悪い投資ではないのですが、戸建てを現金で買い増していく作戦で、目標キャッシュフローに達するのは不可能ではありませんが時間がかかってしまいます。

時間をかけ過ぎると年齢的にもそろそろリストラのリスクもあり、せっかくの属性を活かせなくなってしまう恐れがあります。

この45歳サラリーマンのケースでは、年収が800万円あり、現金も1500万円あるので、現金買いではなく、融資をうまく使って次のような買い進め方が考えられます。

①頭金を入れて金利1・2%〜2・0%程度の信金や、地方銀行などを使って割と入居付けのしやすい、小ぶりの法定耐用年数がまだ残っている物件を90%程度のローンで買い進める。

②①により、ある程度の経験値を積めれば①を継続するか、もし頭金がなければ、金利2・0%〜4・5%程度でもリスクをとってくれる金融機関で、それに負けない高利回り物件を購入する。

③①②により、キャッシュフロー重視の木造物件を、約1億円〜1億5000万円程度で購入する。目標キャッシュフローは400万円〜600万円。

④③までを2年程度で進め、それから出てくるキャッシュフロー、および④で購入するキャッシュフローや給与収入を使って、利回り15%以上の戸建てを3年で2000万円ほど購入する。

45歳サラリーマンの例

45歳、妻子あり、目標キャッシュフロー800万円、
年収800万円、自己資金1,500万円、所有不動産なし

相談を受けたときの状態

年収800万円、自己資金200万円、
不動産300万円～500万円の戸建て計3戸を現金購入、
平均表面利回り15%、キャッシュフロー180万円弱

↓

手持ちの自己資金が200万円に減ってしまい、現金購入も融資を受けるのも難しくなった。キャッシュフローを貯めて戸建てを増やすことは可能だが、スピードが遅く目標到達は困難、年齢的にリストラのリスクもあり。

本当はこうすべきであった！

金利1.2%～2.0%位の金利で、
築古中～高回りの木造アパートを購入。

↓

①上記を続ける。②経験値と自信があれば、高金利の金融機関を使ってリスクもあるが高利回り物件に挑戦。

↓

上記のキャッシュフローを400～600万円を貯める。
別途、給与収入から一部補填して利回り15%程度の
300～500万円の戸建てを買い進める。

↓

2～3年で、戸建て物件を中心に2,000万円ほど購入。

↓

目標キャッシュフローへの到達！

◉29歳サラリーマンの例

２人家族（新婚・子供なし）　年収４５０万円　現預金３００万円　不動産未経験
土日休み　地方都市在住　目標キャッシュフロー　借金なしで月々10万円

これは数年前の話ですが、ボロ戸建て再生のコミュニティーなどでＤＩＹの記事を読んで「自分でもやってみたい！」と挑戦した好青年がいました。
勉強熱心で勤勉な彼はＤＩＹの本を何冊も読んで、しっかり勉強した上での挑戦でした。

しかしながら、私が相談を受けたときには、既に難しい状況におられました。孫子大家の個別相談では、「結婚されているときはできるだけご夫婦で来てください」と伝えるようにしています。

正直に申しますと、夫婦で来られたら面談時間は長くなりますし、対応する側も気を遣うので大変です。しかし、これは私の両親が離婚しており、不動産をする上で、不動産投資が夫婦関係に悪影響を及ぼすことをできるだけ避けたいと考えているためです。

この人が失敗した理由は、まず彼が地方在中なのに、ネットでコンタクトして教えてもらっていたのが大都市部の人だったことです。しかし彼の住んでいる地方は、彼のメンターの住んでいる都市部と比べて戸建ての大きさが全く違います。

都市部に住んでいるメンターの所有物件は、50㎡〜80㎡の戸建てが多いのに対して、彼の住んでいるエリアでは120㎡〜150㎡の戸建てが多く、購入した物件も140㎡の広い家でした。

土地の値段と異なり、ペンキの値段や木材の値段は全国的にそれほど変わるものではありません。

また地方では、当然ながら都心部よりも家賃が低いので、非常に安い値段で物件を購入したのですが、再生費用が想定の2倍もかかり、家賃も想定していた金額が取れなかったようです。

そのため、彼はDIYで何とかコストを下げようと努めました。平日の終業後はボロ戸建てへ直行して、土日も疲労困憊するまでDIYを頑張り帰ってくる彼ですが、家ではずっと一人で奥さんが待っています。

奥さんからすると結婚して間もないのに一緒に過ごせず、ワケのわからないボロ物件で、連日深夜までくたくたになって帰ってくる旦那さんを見て、何とも言えない気持ちだったそうです。

そんな奥さんの冷たい視線に対して、彼も「毎日一所懸命に働いて、仕事の後もこんなに努力しているのに、どうして不満な顔をするんだ！」と、決して口には出さないものの、憤りを覚えていたそうです。

私は状況を整理して、彼には「認めるのは辛いでしょうが、今回の投資は失敗でした」と告げた上で、ただ失敗では終われないので、奥さんにも状況を説明し、「これを挽回するにはＤＩＹで奥さんの協力も必要です」と付け加えました。

この一戸が終われば、今後はもう少し戦略を立てて、それほどＤＩＹに全力を注がなくてもよい投資法を選択することを彼に約束してもらう代わりに、今回は修繕が終わるまでは、奥さんに全面協力をしてもらうことを約束してもらいました。

お互いの不満を口にしてもらったことで、辛い道ではあるものの、ゴールが見えてきた二人は、この後、毎週のように体が悲鳴をあげるまで一緒に修繕をしたそうですが、「今ではいい思い出になりました！」と仰います。

その後は物件をもう1戸買い増すことができ、年収も500万円となりました。戸建ての収益を足せば年収が600万円に到達したので、融資を受けての小さなアパート取得に向けて、むしろ今では奥さんの方がやる気になっているご夫妻です。

◉48歳サラリーマンの例

3人家族　年収1800万円　現金4000万円　株1200万円
不動産4億4000万円（2億6000万円、1億8000万円　2棟）
平均表面利回り8％　キャッシュフロー350万円弱　金利4・5％
目標キャッシュフロー1500万円

某有名企業の経理部長という超エリートの方のケースです。

それにしても不動産投資で成功されている方がこの物件スペックを見たら、「優秀なはずの一流企業の経理部長が、本当にこんな物件を買うのか？」と驚きますよね？

いや〜、買っちゃうんですよね〜（驚）。

残存年数が20年強の物件を買っているので相場が崩れてしまい、かつ例の銀行が融資を出せない今となっては売却するにも相当に難しい状況です。

ある知り合いの大家さんから、「友人が不動産投資に対して不安に思っているので相談に乗ってあげてほしい」とのこと。事情を聞けば相当に厳しいものになると覚悟して面談に挑みました。

何といっても相手は経理のプロ。社会人としても先輩で、自分にとても自信を持った方です。ところが、この方の第一声にとても驚きました。

「孫子大家さん、どうかお助けてください！　私はサラリーマンや株式投資では成功してきましたが、勢いというのでしょうか、恥ずかしながら無料不動産セミナーで業者に言われるがまま、現地に足も運ばないで4億円以上の物件を買ってしまったんです！

その後は入居者から退去されるし、原状回復するにもお金がかかり、思ったほどお金が残らないのです。担当営業マンも『もっといい物件を紹介しますよ！』と言ってくれていたのが、いつの間にか辞めてしまったのです。これから大規模修繕やらデットクロスのこともあるし、もう毎日が真っ暗です！」

そんなエリートサラリーマンの嘆きを目の当たりにして、「5年前の私がここにいる！」と胸が熱くなりました（むろん、私は彼ほど社会的に成功していませんが）。

そして、こうも思いました。

「もともと、社会人として優秀なうえに、負けを負けと認められるこの人なら、間違いなく蘇られる！」

負けを認めるのに2年間かかった孫子大家とは大違いです（笑）。

この方のケースは現在進行形の事項が多くて報告できることは少ないのですが、現時点の方向性は次のものとなりました。

①借換え、もしくは銀行との金利交渉を行う。具体的には金利を2年～3年で2・5％以下までもっていく。これで金利払いが1100万円も改善します。

②大規模修繕の長期計画を立てるが、規模が大きいので一社から細かい見積もりを取った上で、分離発注や施主支給でコストダウンを行う計画を立案。想定見積もりを2棟で4500万円から3300万円ほどに圧縮。ただし財務バランスを考え、現時点では雨漏りの補修レベルに止めておき、①が上手くいった後で、公庫や信金から低利子で修繕費を調達する予定。ここで、「借金は怖い！」となり、修繕を現金で払う方も多いと思いますが、修繕費は借りやすく、金利もべらぼう

に高いというわけではありません。ここは借入れを行い、新たな融資先の開拓などをする方がお勧めです。また金融機関から見ても、現金を充当して借入れの少ない会社より、借入れはあっても、より多くの現金を持っている会社のほうが安定性は高いと評価されます。

③①がある程度上手く進んだ時点で、現金4000万円と株1200万円という潤沢な流動資産を使って、不動産会社との短期プロジェクトで現金を増やす。再建築不可や借地など融資は受けにくいが好立地、高利回り物件を現金購入し、キャッシュフローの改善に役立てる（利回り15%～20%以上が目標）。

④「デッドクロスが怖い！」と、①によって大幅改善したキャッシュフローを前倒し、返済に充てる方も多いと思います。しかし、それよりも利回り12%～15%くらいの戸建てや、ファミリータイプの小さな木造アパート物件を現金で少しずつでも買い増しした方が、より安全にデットクロスを延命したり、やり方次第でデッドクロスを発生させないようにすることも可能です。

①～④が順調に進行していけば、この方は早晩金持ち大家さんへと復活できると考えられます。

48歳サラリーマンの例

年収1,800万円、現金4,000万円、株1,200万円

不動産4億4,000万円（2億6,000万円、1億8,000万円の2棟）

平均表面利回り8％、キャッシュフロー350万円弱

金利4.5％、目標キャッシュフロー1,500万円

超エリートサラリーマンで属性が素晴らしかったが、
当初コンタクトした不動産会社がひどく、
悪い物件を大量購入してしまった

↓

① 金利交渉を行い、金利を2～3年で2.5％程度まで下げる
② コストダウンを徹底化し、修繕費用やランニングコストを削減する

↓

①②がある程度進んだら、現金を使って不動産屋とのプロジェクトもしくは、再建築不可や借地など融資が受けにくいからこその高利回り好立地の物件を取得。
上記によりデッドクロスの回避が可能。

現金を使うタイミングは必ず金利引き下げの後にしてください

重病病人にいきなり劇薬を与えないがごとく、ピンチに陥っている方には、そこから回復するための順番があります、枝葉末節にとらわれず、適切な手法を選択するように注意してください。

39

キャッシュを積みあげた者が勝つ！（キャッシュはローンの倍強い）

ここでは現金を持つことの強みについて解説します。
まずは孫子の兵法から確認ください。基本的にできるだけ無傷で勝っていくのが正しいことだと孫子は述べています。

孫子の兵法
謀攻篇

「孫子は言う。基本的に、戦争においては、敵国を保全した状態で傷つけずに攻略するのが上策であり、敵国を撃ち破って勝つのは次善の策である」

孫子大家 意訳

「孫子大家が考えるに、投資においては儲かるべくして、儲かるのがベストであり、いろんな困難にぶち当たりながらも何とか儲けるのはベストといえない」

不動産投資に限りませんが、それがストーリーとして面白いかどうかは別として、ピンチに陥らずに勝つべくして勝つのが効率的なやり方です。それでは不動産投資において「ラクに勝てる！」とは、どのような人が考えられるのでしょうか？

◉不動産投資において楽勝な人の条件

①属性・資産背景が良く、銀行から見て融資しやすい人
②不動産の知識が大変に豊富で、取れる手法も多い人
③人脈が豊富で、不動産における問題解決能力の高い人
④現金があり、決断力に富み、良い物件であればすぐに判断を下せる人

つまり不動産投資における有利な条件のうち、②と③は時間をかけて勉強をしたり、人脈を作っていく必要がありますが、①と④は現金を持つことができれば、その条件の大半を満たすことができます。

くわえて言えば、現金が豊富ということは現金で買えるだけでなく、融資を引くにも有利になります。現金を持つにはキャッシュフローを貯めていく方法もありますが、やはりスピードを求めるなら売却です。第5章でも触れた売却の章をよく理解するようにしてください。

現金を増やし、他のプレイヤーよりも有利な立場で、有利な条件の融資を引いてキャッシュフローが出る物件を増やす。これが、孫子大家流の「勝つべくして勝つ！」不動産投資法です。

40 ラクをして成功する方法……まわりのプロを味方につける

さて、前項で「ラクをして勝つためには現金が重要である」ということはご理解いただけたかと思いますが、これは不動産投資の重要項目であるOPM（Other People Money）他人のお金（金融機関のお金）を使うことと密接に関係していました。それでは不動産投資のもう一つの重要項目、ＯＰＴ（Other People Time）他人の時間を使うということも考えてみましょう。

不動産における他人とは、自分の協力者のことです。具体的には管理会社・弁護士、税理士・司法書士・不動産仲介会社・プロパンガス会社・ネット事業者、そして大家仲間といかに協力するかが大切です。

本当にありがたいことに、私たちのライバルである地主大家さんは、かなり上から目線でこれらの業者さんと接していたり、上手く使いこなせなかったり、十分な交渉ができていません。

「何でもかんでも甘くすればいい！」ということではなく、こちらの要望や条件はしっかり伝えて交渉を行いつつ、相手にとっても良い提案を考えてあげ、両方が得になることで、中長期的に欠かせないパートナーになれるよう関係を築いていくことが重要です。また、物件を手に入れるという観点からいうと、先ほど挙げた中でも特に重要となるパートナーは次の通りです。

◉大家さんの重要パートナー

①大家仲間

②税理士
③弁護士

①大家仲間の重要さは言わずもがな、お互いに情報交換をすることで、失敗や成功体験を共有し、一人だけでやるより何倍も速く、大家力を高めることができます。

②税理士先生との関係性を多くの方が誤解しています。
税理士先生の仕事は、正しい税務申告を行うこと（できれば税理士先生にとって楽に）です。我々大家が求めるのは、その時々に合った最良の税務申告です。

［最良の税務申告とは？］
・拡大期であれば税を多めに収めて銀行評価を上げる
・安定期であれば、適切な節税を行って現金を増やす

このように正しい戦略を自分で決めて、そのための方法を税理士先生から教えてもらうことにより、初めて戦略的に正しい、税理士先生とのお付き合いが可能です。

③弁護士先生との関係性ですが、これも極めて重要です。

何かトラブルが発生したときに相談ができる関係性を築いておれば、リスクのある不動産投資にも挑戦することが可能です。できる先生であれば、相談内容に応じて勝てるリスクや、かかる費用をスムーズに教えてくれます。

投資判断として、そのリスクと得られる利益のバランスを見て投資の可否を判断する……これが大家の仕事になります。

41

孫子大家の崇拝する孫武（孫子の兵法の著者）から影響を受けた二大名将

私が崇拝する孫武（孫子の兵法の著者）から大きな影響を受けた、日本の戦国時代の最も成功した2人の名将が、同じような言葉を残しています。

その2人とは毛利元就、そして武田信玄です。

毛利元就は「百万一心」、武田信玄は「人は城、人は石垣、人は堀、情けは味方、仇は敵なり」という言葉を残しています。

この2つの言葉は城や武器よりも、人々の助け合い、連携、そしてリーダーはそれをまとめる広い心と度量、人を惹きつける魅力が必要だと説いています。

大家業では前章まで述べてきたように、確かに属性や現金、不動産の知識は重要です。しかし、不動産投資で勝ち続けていくためには、様々な人をまとめて自分に協力してもらうための魅力が必要です。

知識だけでは得られない人間力も積極的に磨いていきたいものです。

孫子大家はいつも「戦略が重要」と言ってはいますが、戦略的不動産投資において重要なことは「その人に合った戦略」「資産背景や収入の増強」「人間力の成長」これらのバランスをとって伸ばしていくことが重要です。

成功大家さんの中に人間力を欠いている人もまれにいますが、基本的には成功し続けて規模を拡大したり、財務的に強固な基盤をより強くできている人は人間的にも尊敬できる方が多いです。

ただし最近つとに言われるように、共食い大家さん的な方もいるにはいるので、その点には他の大家さんの評判なども聞いて慎重に行動していただければと思います。

第7章

【外伝】孫子大家の大逆転

42

初めての物件購入で大・大・大失敗!!

孫子を名乗る、生意気な大家の語る、偉そうな文章をここまでお読みくださり誠にありがとうございました。

そんな孫子の戦略的投資法を取り入れた私なら、「さぞかし1棟目から優秀な物件を買ってきたんでしょ?」と、ご想像されるかもしれません。何度か本書でも申し上げましたように、たいそうなことを言ってきた孫子大家も、実は1棟目にとんでもない物件を買ってしまったのです。

第7章では孫子大家の不動産投資がどのようにスタートしたのか、普通なら破産しても不思議ではない、そのヤバすぎる失敗ぶりと、失敗からの復活劇を紹介したいと思います。

私が1棟目の物件を購入したのは、2010年12月でした(東日本大震災の直前なのでタイミングも微妙です)。

表面利回り7・5％、金利4・5％、築古重量鉄骨。駅から徒歩17分で隣りには嫌忌施設が建っておりました……。

普通なら、この時点で試合終了です（笑）。

理由は後程述べますが、これでも100冊以上の不動産投資本を読んだ上で、自信を持った決断でした。

しかし、皆さんも注意してください。人間どうしても、バイアス（先入観）というものがかかり、同じ情報を読んだり聞いたりしても、自分が信じたいものを選んでしまうものなのです。

私が読んだ本にも様々な見解があったはずだと思いますが、それを私が都合よく納得できるように、勝手に理解をして泥沼に足を突っ込んでいったのだと……これは今になればわかります。

それでは、どのような経緯で私はこのような物件を買ってしまったのでしょうか？

自分の恥を晒すのは本当に辛いことです。それでも書いておかなければ、私と同じような被害に遭われる方が出てくると思います。私にとっては思い返すだけでも悪夢ですが、ここに事実をすべて記載します。

私が経験したことは形を変えて、今なら多くの被害者を生んでいるカボチャの馬車のような事件を引き起こすと思います。

幸いにして私はその地獄より生還できましたが、この本を読んでいただけた皆さんは、私のようにわざわざ地獄に落ちないことをお祈ります。

43

深夜2時、運命の電話

2009年7月のある深夜2時に、地獄の扉を開く電話が私のケータイに届きました。

不動産投資を行うにあたり、私は約1年間、週末ごとに無料セミナーへ足を運んでいました。休日ともなれば物件の現地訪問をする大家会へも顔を出し、有名大家さんと名刺交換してアクティブに動いていたものの、まったく成果を出せない日々が続いていたのです。

そんな中、運命の電話が鳴りました。

不動産屋「孫子大家さん、いい物件が出ましたよ！　フルローンOK、都内の好立地物件です。たった今飲んでいる仲間からもらった、まだ表に出てない物件です。今から見に行きますか？」

孫子大家「深夜の2時ですよ。私はいいのですが、今からでも付き合ってくれますか？」

不動産屋「もちろんです！　すぐ行きましょう」

深夜2時半、すぐに自宅までタクシーで迎えに来てくれた不動産屋さんと一緒に現地に向かいます。車中、いかにその物件が良いのかを熱く語ってくれる不動産屋さん。そして、どんどん上がってくる孫子大家のテンション！

不動産屋「これはいいですよ、世田谷の急行が止まる○○駅徒歩13分」

孫子大家「いいですね！」

不動産屋「1Fと地下階は、ずっと埋まっている安定なバイクガレージ」

孫子大家「いいですね！」
不動産屋「ファミリー物件で安定していますよ」
孫子大家「いいですね！」
不動産屋「隣の会社が2部屋借りていて、安定入居です」
孫子大家「いいですね！」
不動産屋「家賃も相場より少し安くてきれいにすれば家賃上がりますよ」
孫子大家「いいですねぇ！」

◉物件スペック（騙されてしまったスペック）
賃料収入　1162・5万円　利回り7・5％
価格　1億5500万円　RC造　築20年、残存年数27年
東京都世田谷区○○駅　徒歩13分　ファミリータイプ　満室＋店舗（地下＋1F）

利回りはちょっと低いですが、このスペックなら2009年の流通価格では6％後半〜7％。家賃も低く設定されており、賃料を相場並みに上げれば、かなり安く買えるということになる算段でした。

孫子大家「これ！　買います。お願いします！」
不動産屋「流石です！　その素早い決断ができると思ったから、孫子大家さんに声をかけました！」

そう、この即決は当時の著名大家さんの本に書いてあった「成功エピソード」から学んだことです。
しかし当時の私は、その成功した大家さんが、「スピードを重視はするが、細かいチェックをきちんと行う！」と書いてあった部分は、自分に都合がいいように無視して進んでしまったのです……。

・川上の表に出ていない物件で勝負する
・いい物件は速攻で決める
・売主が一般の人で、手入れをされていない物件は、やりようによっては価値を上げられるこのような、いくつかの成功投資の原則を満たした、最高の物件に出会えたと思ったのです。

そして、現金を200万円しかもっていなかった私は、「この物件が買えるなら多少はキャッシュフローが悪くてもいい！」と判断しました。

また仲介手数料についても、大幅ディスカウントしてくれた上に、半年後の支払いでいいという条件で、「なんて優しい不動産屋さんなんだ。この人に出会えてよかった！」と、そんな風に考えていました。

44

決済直前のありえない告白

それから3週間ほどしてから、銀行でありえないことが起こります。そして、周りの見えていない孫子大家はそれを受け入れてしまうのです。

銀行員「いや〜、今回の物件融資は大変でしたよ〜」
不動産屋「まぁまぁ、ちょっとその話は置いといて。孫子大家さん、ちょっとここで待ってもらえますか？」
と告げられ、銀行員さんと別室に入っていきました。しばらくして何やら話が終わり、不動産屋さんが切り出します。
不動産屋「孫子大家さん、ちょっと事前と違う情報がわかったんです。あの建物、地下はRC造なのですが、建物は重量鉄骨造でした。でも、銀行さんと私の関係もあるので、今回は35年の融資が組めましたよ。よかったですね！」
ん？　これって簡単にいう情報じゃないよね？　でも、「融資は35年！」と言ってくれているし、キャッシュフローもギリギリではあるけれど出る。とにかく1年間も探してようやく出会えた物件なのだから、
孫子大家「……かっ、かまいませんよ。買います！」

一瞬でしてしまったこの決断、この物件の出口に大きく影響するのは明白ですが、この当時の私は、ＲＣ造と重量鉄骨造がどのように出口戦略へ影響を及ぼすのか明確には理解していなかったのです……。

しかもこの物件、わざわざ深夜の２時に連れて行かれたのには罠があったのです。実は、物件の隣りにクリーニング工場があり、耳をつんざくほどの爆音ではないものの、始終（ゴォォォ〜）という、機械音が唸っていたのでした。しかも、駅からの距離は徒歩13分ではなく、17分……。完全にはめられました。

要するに、賃料は相場より安いわけではなく、相場よりも高く買ってしまったということです。しかも、あの有名な高金利銀行です。

さぁ、ここから孫子大家のどうしようもないお荷物物件との旅路が始まります！

45

地獄からの生還　ダメ物件の再生

さて、購入してしまったのはダメ物件で、本当のスペックはこうでした。

◉物件スペック（本当のスペック）

賃料収入1162・5万円、利回り7・5％
価格1億5500万円、重量鉄骨造、築20年、残存14年
都内世田谷区○○駅　徒歩17分、ファミリータイプ　満室＋店舗（地下＋1F）
↓　すぐに2室退去（涙）

ローンは35年、金利4・5％です。

当時の不動産屋さんに教えられた戦略は､買ったときの金利が高く､イールドギャップが低過ぎたものの、積算が出て好立地にあるこの物件なら、1年くらい実績を積めば、信用金庫などで1・5～2％で借り換えが可能ということでした。

しかし、決済日に判明した重量鉄骨という事実……これでは借り換えは難しいです。

しかも、いろんな箇所から雨漏りがあり、近くの（人のいい社長が経営する）工務店に頼んでいた修繕代を払うと、年間を通してまったくお金が残りませんでした。

「投資ってこんなものなの？」

「やはり騙されてしまったのかな？」

まったく儲からない状態に不動産を諦めかけるくらい気分が落ち込みました。その後、私が本気を出すまでに2年ほどこんな状況が続きました。

46

覚醒、不動産に「戦略」を！

ただし、このような緩慢な日々を送っている間も、先輩大家さんから身になる話を聞いたり、書籍を読むことだけは続けていたのです。

多少の知識を得て経験も積んだ私は、不動産のマーケットがどんどん好況になっていることも肌で感じていました。

あれほど勉強をしたのに失敗してしまった不動産投資ですが、いつまでも愚痴をこぼしたところで仕方がありません。

「何としてもこの状態から復活してやろう！」と気持ちを切り替え、ようやく自分の「負け」を認めることができました。


2年という歳月が、騙された私の不信感を癒してくれ、そして「挑戦」するためのやる気を回復させてくれたのです。

復活劇と書けば、何やら「劇的な変化でもあったの？」と思われそうですが、私のケースは全く面白いこともなく、大好きな戦略ゲームに興じていたら、突然に天啓を得たのです。

「ああっ、僕が尊敬する孫子なら、諸葛亮なら、韓信なら、黒田官兵衛なら……彼らはいったいどうやってこの危機を乗り越えるのか？」と。

学生時代は母から小言をいわれ、友達には馬鹿にされても、平日は深夜2時まで、休日ともなれば12時間やり続けていた戦略ゲーム。これで培われた戦略思考を縦横無尽に活かすときがついにやって来たのです！（出た！　自己肯定w）（ありがとうK

ＯＥＩ）。

私の尊敬する歴史上の名軍師たちは、たとえ絶体絶命の危機に陥っても決して諦めません。

彼らなら、死中に活を求めるはずです。

名軍師たちは、この程度の状況よりももっと酷い、失敗すれば死んでしまう絶体絶命の状況の中で、浮動する状況の中から適切に彼我《ひが》の戦力分析を行い、勝機を見出して歴史を動かす大逆転をしてきました。

私は尊敬する名軍師になりきり、自分の不動産の危機的状況から、現状の危機を脱する４つの戦略を生み出しました。

47

持たざる者の不動産の4戦略

これらは、前述のように追い詰められた私が、復活していくための不動産における大方針として立てた戦略です。
既に不動産の経験が豊富で現金を多く持っている方ならば、もう少し攻撃的な戦略を作ることも可能ですが、知識も資源も乏しかった当時の私の戦略であれば、誰にでも使っていただけるのではないでしょうか?

◉戦略1
不動産屋を出し抜いて勝つのではなく、不動産屋のプロの知識を得て、味方に引き入れて共に勝利する。
〜孫子曰く、百戦百勝は善の善なる者に非ざるなり〜
そもそも用兵の原則は、戦わずに仲間に引き入れることが最良であり、戦って打ち破るのはそれより劣る。

◉戦略2
世の中の時流を読んで、他の人の群がる領域ではなく、自分の強みで勝てる領域を選定して、選択と集中にて勝利を確実とする。
〜孫子曰く、兵は詭道なり〜

敵の守りが薄い所を攻め、相手が予想もしない場所に集中する。

◉戦略3

自分の得意なエリアや領域以外の情報も、常にネットワークを使って情報収集し、勝てる案件が出たときに、勝てる条件をすべて分析して物件取得に動く。

〜孫子曰く、戦う前に勝敗は予測できる〜

そもそも、戦う前から思索の中で予測して勝つ者は、勝てる戦いを選択し、勝つ見込みが高い勝負のみ戦うから勝つのである。

◉戦略4

中長期的には他の人が群がる領域でも、勝てるだけの最強の組織戦ができる自分だけの不動産プロ集団を育成し、最速で勝ちやすい案件を選んで勝利する。

〜孫子曰く、最善の勝利は地味なもの〜

昔のいわゆる戦上手と呼ばれた人々は、普通の人では見分けられないような好機を捉えて、勝ちやすい状況で勝つべくして勝ったのである。

戦上手の勝利には、智謀《ちぼう》（うまい計略）においても勇敢さにおいても、派手さは無い。むしろ地味だ。そういう者が戦えば必ず勝つ。それというのも彼は既に負けが決まった相手に対して戦いをしかけているからである。

48

追い詰められた者の、ピンチ脱出のための4戦術

さて、戦略的に物事を考えるとき、戦略は戦術よりも重要です。必ず戦略を立てて大方針を決めてから、それを達成するための戦術を練るようにしてください。

2013年、ようやくやる気を取り戻した私の建てた戦術は、次の4つでした。

●孫子大家ピンチ脱出のための戦術

①満室にして、銀行からの目線をよくする
②満室にした上で、金利を下げる

③更新など、機会を見つけて賃料を上げる
④保有年数満5年、実質6年になり、税金が安くなったときに売却して利益を出す

①は意外と簡単でした。場所自体は悪くなかったので、いわゆる満室経営の戦略本に載っている対策をしっかりと行い、特に間接照明などに力を入れることで、100人中で10人が確実に決まる部屋を作ることができるようになりました。万人受けを狙わないことが、駅から遠くて空室率が高いエリアの物件への入居付けのコツかもしれません。

②これはちょうど、私の銀行が金融庁の査察を受けるという時期に、自分の交渉するタイミングが重なっていたそうですが、同行でほとんど聞かない2・3%という金利を引き出すことに成功しました。

③は①②によって多少なりとも生まれたキャッシュフローですが、これを一切自分に使うことなく、外装改善や共有部の塗装、そしてオシャレな照明に。また、一部の外壁を壊してバイクガレージの導入や、2カ所の自販機の導入を行いました。

更には、2重窓にしても完全に遮れなかった隣のクリーニング工場から出る騒音でしたが、意を決して工場長に交渉直談判すること数カ月、最終的に工場とこちらとの

物件の間に、防音壁を工場の100％負担にて設置してもらうことに成功しました。
それ以降は、契約書の内容に様々な工夫を加えることで家賃を上げ、しかも3年以内の退去を大きく減らすことに成功しました。

こうして振り返ってみると、一つひとつは地道なことでしたが、サラリーマンの傍ら様々な工夫を行い、なんと賃料を1162・5万円／年から、1450万円／年と、約25％もアップすることができたのです。

これらの努力の結果、最終的にこの大失敗投資は大成功となります。
売却価格は2億4000万円となり、多少の前倒し返済をしたことも含めると、長期譲渡の売却税20％を引いた上で、私に4500万円近い現金をもたらしてくれました。

この後の投資の種銭となった4500万円の現金。苦しんだ6年間の経験が、有名大家会で「宇宙人！」や「孫子大家は実は3人いる」と呼ばれる孫子大家を生むことになるのです。こうして現金と知識と経験を得た孫子大家の、本当の活躍はここからスタートしました！

戦略も一切なく失敗物件を購入して、いきなり退場レベルの致命傷をおった私ですが、大好きな孫子をはじめとする戦略本読み返し、不動産に応用した結果、6年後には現金で1億円という資産を作ることができました。これは地方高積算などで無理やり資産を大きくしたわけではありません。

1億円をつくってから半年後の今、売却もあり現金は1億7000万円にまで到達しています（7月末現在）。私は現在本気で、「初めの1億円を作るほうが、1億円を5億円にするよりも難しい」と感じています。

ときには一般的な常識を無視するようなアクロバティックな投資で成果を出しました。そして、いつしかこの成果を皆様に共有して、失敗投資からのリカバリーの実現をお手伝いしたいと考えるようになったのです。

孫子大家がお伝えできるのは、規模だけを拡大しない、筋肉質な投資の方法です。不動産においてはなかなか上手くいっていない方や、残念ながら失敗物件を買ってしまった方もあきらめないで、勉強していきましょう!!

49

成功した次に何をなすか？

「孫子大家さん、あれだけ稼いでいるのだから、もうサラリーマンを辞めたら？　いつリタイアするの？」

最近、大家会などでよく言われるのは、このような問いかけです。実は私自身は特に辞めたいと考えていません。

私は、何かに挑んでいるときにこそ「生き甲斐」を感じますし、もしサラリーマンを辞めて、運営だけの大家さんをしていると飽きてしまうと思います。

ただし、自分の事業など、不動産以外で本当にやりたいことがあれば話は別です。大家業から入る安定収入で自分や家族を養うことができれば、無理をしてまでその事業で稼がなくてもいいからです。言わば不動産は、事業で挑戦するための貴重な資源になるといえます。

「サラリーマンが嫌だから早く専業大家になりたい！」

そう心から願っている人は、大家業の良いところばかりを見ているのかもしれません。

確かに大家業は他の産業に比べるとライバルのレベルは低いですし、例えばボロ戸建ての再生ならＤＩＹでなんとでもできてしまう部分もあり、２０１８年時点では最も勝ちやすい産業の一つだといえます。


しかし、人口が減っていく中でも、「大家業の美味しさ」が徐々に市民権を得て、投資に興味を持つライバルが増えていることも事実です。もしもあなたが努力をして進化できない人であれば、大家業は少しずつ難しさを増すことでしょう。

かくいう私も過去にサラリーマン業をしている中で心を病んだことがあります。それくらい辛い状況でサラリーマンを続けている方が、シェルターとして大家業をしたいのであれば、個人的にぜひ応援したいです。

まだ若くて働ける方は別にサラリーマンでなくてもいいのですが、大家業をきっかけに様々な学びを経て、自営業など自分のできる範囲で、しっかり稼いで社会に貢献してほしいと思っています。

私は大家業で成功するまでは、一般的な元気のいい営業マンでした。

そんな私が大家業で成功するために心理学・経営学・財務諸表・マーケティング・行動心理学・速読などを身につけていきました。

必要があって、会社ではなく自分のために身につけたこれらの知識でしたが。欲張りな私は「会社のためにこれを身につけろ！」と業務命令されていたら、おそらく無理であったろうと思います（笑）。

会社のためにではなく、自分のために身につけたこれらの知識によって、結果的にはサラリーマンとして、同世代の中でもっとも昇進した一人になることができました。

私個人は、大家業で成功したからサラリーマンを辞める必要はないと思いますし、大家業で成功する人ならば、サラリーマンでもより成功するであろうと考えています。

小学生のころの私は片親だったこともあり、家が貧しいと勝手に思い込んでおり、（実際はそこまで貧しくはなかったのですが）、ファミレスに行くたび、

「やばい、ついに来た……。このご飯の後、一家心中するんだ……」

そう勝手に妄想してトリオステーキという、鳥と牛と、豚肉が入ったご飯をいつも、日の丸特攻隊にでもなったような気持ちで食べていたのです（実話です）。

大家業で成功してもすぐに、お金への恐怖感が消えず、車を買うのも抵抗感があり原付バイクを乗り回していました。

大家業での成功から数年経ってようやくお金への恐怖も消え、今では罪悪感もなく、タクシーや新幹線のグリーン車に乗れるようになりました。

大家業をやることで、普段のサラリーマン業では出会えないような人……全国の大家さんや、異業種の経営者とお話ができて、「自分は世の中で生かされている！」ことにようやく気づくことができたのです。

そして「何か私にも社会に貢献できないだろうか？」と考えられるまでに成長しました。

数字上では大家として利益率を上げ、規模を拡大する目標とは別に、自分のライフワークとしての夢も持てました。

◉孫子大家のライフワーク

①日本の人口を増やす
②日本の産業発展に貢献する
③教育者として、何らかの形で自分の得たものを後進に伝える

この3つが今の私が抱いている夢です。

これがそのまま叶えていけるのか？

はたまた、3年後には全くちがう夢を抱いているのか？


それは自分でも想像できませんが、とてもワクワクしています。

サラリーマンだけをしていたら、一生味わうことのできなかったこのワクワク感、ぜひ皆さんにも体感してほしいと願っております。

もし、本書を読んだあなたが、何かを感じていただけたのであれば、ぜひ孫子大家に会ってみてください。そして共に不動産を通じてワクワクできる人生を作り上げられたら最高だと考えています。

50

大家として成功する確率を一番上げる方法

私が本書で伝えたい、重要なポイントですが、それは知識と、経験と、人脈。それらをすべて備えた上で行う投資が、一番成功確率が高いということです。

そしてそれらを身に着ける方法は人によって違うということです。

私は本を大量に読んで自分で、勉強した結果、満を持して自信をもって投資して、そして……見事に失敗しました。


また、私はこの数年、不動産で困った状態になってしまっている方に対して60名以上にコンサルティングを行う中で、私のコンサルティングがベストで投資のピンチの状態から立ち直れたと喜んでくれた人も多かったのですが、私の力不足もあり、数名は気持ちを切り替えることができずベストな結果ではない方もいました。

これは私の本業の人材のコンサルティングをしていても同じことを感じるのですが、人によって相性の合う、合わないがあるので、適切なコンサルタントがかかわると一気に年収が上がり転職が成功する人もいますし、その逆もあります。

このことから、不動産投資をより確実に成功させる上で一番大切なのは、自分に考え方が近く、話していても相性が合いやすく、尊敬できる先輩投資家を見つけることだと信じています。


ただ深い意味での不動産の指導を受けるには、そもそもの不動産の理解をかなり高いレベルでしている必要があります（そもそもある程度深く、かつ幅広い知識を持っていないと、そもそもどのスタイルの投資が、あなたにとってベストかも決められないはずです）。

ですから、まずは幅広い分野の知識を手に入れるために、できるだけいろんなスタイルの本を読んで、あなたにベストな投資の師匠に出会った時に、それがその人だと気が付けるための準備をしていただければと思います。

あとがき

最後までお読みいただきまして、誠にありがとうございます。

私にとっては初めての著作ですので、表現の分かりにくいところもあったかと思いますが、私なりに精一杯、戦略的な不動産投資の方法をお伝えできたと思っています。

この本は、後でこんなはずでは無かったと後悔しないために、正確な情報を記しました。

気を付けていただきたいのは、この本の内容が複雑な構成となっているため、一度読んでいただいただけでは、誤解もあるかもしれません。そのため、私のように（汗）間違った理解をして物件を購入してしまうことが懸念です。

この本に限らず、ぜひ二度三度と同じ本を読んで、作者の伝えたい本当の意図を理解できるようになっていただければ、これ以上に幸せなことはありません。

そして十分知識を付けたら、行動に移してください。

私の周りには私と同じくらい本を読んでいる人もいます。

知識は十分なレベルにありますが、その方と何度会っても物件を買っていません。「今は○○だから……」と、一応はロジカルな理由で説明いただけるのですが、彼はおそらく5年後も同じことを言っている気がします。

もちろん私のように、本で分かった気になって間違いを起こすこともお勧めしませんが……。

本やブログで十分な知識を手に入れたら、今度は自分だけのベストマッチな先生や先輩大家さんを探してください（この時もちろん、しっかりと実績を出している大家さんを探すようにしてくださいね）。

そうして、できるだけ正確な教えを乞い、失敗を避けながら手堅い投資を行って、少しずついい未来を引き寄せてもらえればと思います。

その中で小さな失敗はあるかもしれませんが、それも経験です。しっかりとアドバイスを得ながら、自分自身でも困難と向き合ってください。

大丈夫、孫子大家でもできたのです。あなたならきっとできます。

私でもいいですし、しっかりと実績を持った先輩のアドバイスを得て、困難に前向きに向かい合えば道は開けます。なにせ、こんなにライバルが少ない産業はないのですし、孫子大家の分かりにくい本をしっかり読みこなせたあなたの大家力は、相当高くなっているはずです。そのあなたが、先輩大家の知識も身に付けられれば……負けるはずがありませんよね？

孫子の兵法では、戦う前に勝つ方法を見つけて、戦う前に負けない体制を整え、勝てる戦いを選ぶことが重要です。それができれば、戦いは単に作業であり確実に勝てるということです。

ぜひ皆様も、この2500年前に作られて、現代も多くのビジネスマンに愛用される、絶対無敵の孫子の兵法の考え方を使って、不動産投資で確実に勝ってください！

★読者特典「無料プレゼント」

孫子大家は、細かい不動産投資に役立つ情報をブログ（https://sonshiohya.com/manabi/）でも発信しています。

ブログページのライン@の登録を行うことで、孫子大家のレポート『確実に儲けるための物件価格の決め方』『孫子大家の物件購入時のチェックポイント』『激務サラリーマンでも、物件が買える一日の使い方』『結果を生み出す、不動産分野での交渉の仕方』の4つを無料プレゼントしています。【パスワード】sonshi55

最後に、本書を執筆するにあたって多くの方々の協力をいただきました。この場を借りて御礼を述べたいと思います。

いつも想像を覆す考え方で僕を驚かせてくださる小嶌大介さん、同世代であることが信じられないスケールの大きな木下たかゆきさん。素晴らしい漫画を描いてくださった、まりおさん。他にもいつも新しい考え方や、気付きを与えてくれる多くの先輩大家の方々。

出版に際してお世話になった、ぱる出版の瀧口さん、執筆協力いただいた布施さん……おかげさまで無事に本が完成しました。

そして、いつも朗らかに僕を支えてくれ、本書で挿絵を描いてくれた妻、謎のダンスで力を与えてくれる息子。片親で僕を育ててくれて「ファミレス心中の恐怖を与えてくれたおかん（笑）と、爺ちゃん、婆ちゃん、いつも本当にありがとう！　これからもよろしくお願いします。

2018年9月吉日

孫子大家

孫子大家（そんし・おおや）

1981年、大阪に生まれ、兵庫県西宮市で自然の中で成長。東京都在住。大学卒業後、アパートメーカーに就職。あまりにブラックな職場のため3カ月でうつで退職。計2回の転職を経て、現在は人材紹介業を行なうサラリーマン。本業では、「年収をあげるプロ」として活躍。2009年、200万円の資金を元手に不動産投資をスタートするも、高金利＆低利回りの問題だらけの失敗物件を購入してしまう。その後、物件の入居率、家賃をあげて利益を出して売却。そこから本格的にリスタートして、2018年5月現在アパートマンション６棟（建築中含む）、戸建て11戸、土地１、太陽光発電１。都心から地方まで、新築から再生不可のぼろ物件まで、幅広く手掛けている。

【ブログ】『孫子大家の大逆転』https://sonshiohya.com/senryaku

サラリーマンが副業《ふくぎょう》で 最短《さいたん》で年収《ねんしゅう》を超《こ》える不動産投資法《ふどうさんとうしほう》

2018年 10月15日　　初版発行

著者　孫子大家
発行者　常塚嘉明
発行所　株式会社 ぱる出版

〒160-0011　東京都新宿区若葉1-9-16
03(3353)2835 ― 代表　03(3353)2826 ― FAX
03(3353)3679 ― 編集
振替　東京 00100-3-131586
印刷・製本　中央精版印刷(株)

ISBN978-4-8272-1146-7 C0033